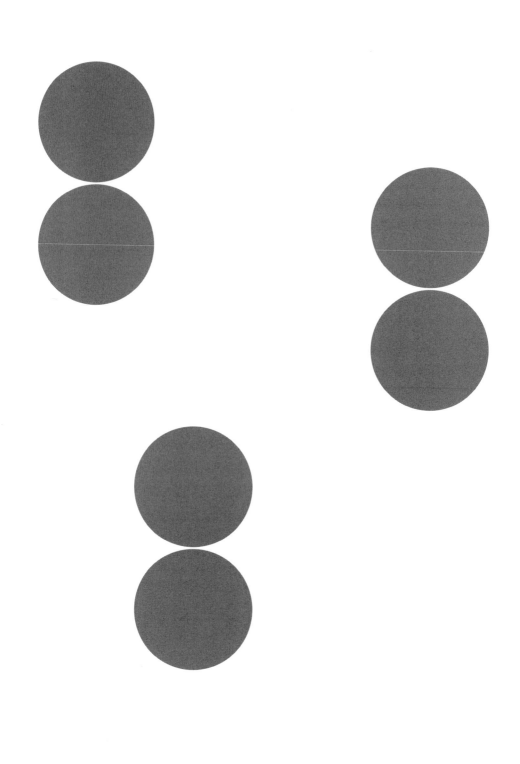

London-
philes
②

白舜羽、魏君穎

倫敦眼
兩個解釋狂的英國文化透鏡

All Eyes
on
the Great
City

序

很久很久以前,有次跟我爸一起看電視看到一半,他問我:「你知道 3M 為什麼叫 3M 嗎?」(當時我們並不是在看它們的廣告)

(一秒回答)我說:「明尼蘇達礦業公司,Minnesota Mining and Manufacturing Company 啊,問這幹嘛?」

我爸(默):「喔!我只是想知道你知不知道。」

不知為何,一些冷知識都會進到我的腦袋裡,但我發現我不是孤獨的。有次我在學校的系辦公室,老師跟我們講話講一講,忽然岔題:「在維多利亞時代,男嬰很多穿粉色,女嬰穿藍色,你們知道為什麼嗎?」(眾人搖頭)「因為那是聖母瑪麗亞的顏色。」(啊?)「喔喔,冷知識,呵呵!」(老師飄走,眾人繼續。)

大學時上哲學人類學的時候,課堂上提過,人的記憶不會把生活中發生的每件事都記得清清楚楚,大腦會自動過濾不需要記得的事情。我常犯金魚腦的健忘症,但冷知識卻可以記上好一段時間,大概潛意識裡覺得它是有用的吧。如果古早人類以狩獵採集為生,需要的技能是射箭跟摘果子,那麼現代人的生存技能,恐怕是採集跟過濾資訊。尤其在英國生活,金錢和時間都不是太寬裕,斤斤計較下,食衣住行都有資訊要找,不管是地圖(萬一迷路可能需要多花錢坐車)、特價情報(衛生紙、洗衣精特價趕快買來囤積)、還是防範詐騙(絕對不要用西聯匯款賺錢給網路上沒見過面的人),

都得需要「知道」什麼可行、不可行（Dos and Don'ts），才能放心遊走。

我時不時會檢討自己的資訊焦慮症，並企圖治癒。「斷捨離」的原則，也可以套用在資訊上。例如取消訂閱一些商家的電子報，確實減少了對「想要」而非「需要」之物的渴求；當然，有時候根本是忙起來想專心，也非得自外於社群媒體的眾聲喧嘩不可。日日吸收訊息，思考代謝，food for thought 往往比真正的食物更有威力。

然而，無心插柳得到的不一定是柳成蔭，有時得到會是柳橙汁。

「倫敦生活 A to Z」就是個無心插柳開始的寫作計畫。代稱對方為「室友」，實為夫妻的兩個資訊焦慮症患者，將在倫敦生活的訊息消化後整理成文字，最後還能讓文章走出網路集結成書。回歸老派的傳播媒介，將內容傳遞給更多的讀者，在這個世道仍舊是浪漫的事。在《倫敦腔：兩個解釋狂的英國文化索引》出版後，也為我們拓展了人生經驗，無論是上廣播或演講，都是一開始寫作時的兩名阿宅未曾設想的。

出書兩年來，倫敦和我們都經歷了大大小小的改變。脫歐公投的結果，將考驗英國處理外交內政的能力，而倫敦的面貌將有何不同，頗令人好奇；結束學業後，我們搬離倫敦、升格父母，預期外的拖稿讓編輯多了不少提醒功夫，同時讓我們學著用新的角度看世界。

如同《倫敦腔》並非一本考究英國各地腔調之作，這本

《倫敦眼》內容亦非以泰晤士河畔的摩天輪為主。本書同樣集結英國文化關鍵字的書寫，解釋狂或仍不改其色，也試著放入更多對歷史和社會議題的關注，書寫視角上，企圖釐清更多背景脈絡。除了粉絲頁的寫作之外，本書收錄的文章還包括我們自 2016 年起於聯合線上「轉角國際」平台寫作的專欄內容，以及數篇我在《PAR 表演藝術》雜誌擔任特約海外撰述時的專文。

本書得以問世，感謝紅桌文化總編輯劉粹倫的勇氣，鼓勵我們再接再厲。感謝轉角國際張鎮宏的邀稿及對各議題的精準提案，還有喬蘭雅、林齊晧、何孟璇、葉家均，他們仔細編輯文章，促使不少作品誕生。感謝在《PAR 表演藝術》雜誌的黎家齊、莊珮瑤、張慧慧及廖俊逞，在博士論文寫作之餘，每個月的「城市藝波」專欄給我們親近倫敦劇場的好理由。

給女兒，妳是我們持續寫稿的動力，不只是為了妳的尿布，也為了愛。

使用說明 ———————————

　　本書延續《倫敦腔》編制，由兩個解釋狂共筆，在書中的代號分別為 A 與 W。A 是白舜羽、W 是魏君穎，註記於篇名處。

　　內容分為六大主題，帶領讀者一起深入倫敦的新舊交織的英倫風情畫，與平淡卻深刻的日常：

英倫 ・ 傳承　　　公共 ・ 思考
影劇 ・ 表演　　　文化 ・ 解藥
日常 ・ 職人　　　飲食 ・ 療癒

　　聽一段航海預報，感受英式慰藉；從一朵虞美人花，看見英國佬的家國情懷；在泰唔士河畔挖寶，把幾世紀前的寶物帶回家；英國人原來這麼愛大黃，發明各式吃法，還有燉豆天天吃也行……53 篇英國文化隨筆與分析，帶你用倫敦眼看世界。

公共 · 思考

影劇 · 表演

文化 · 解藥 ───────────────

日常 · 職人

飲食 · 療癒 ————————————

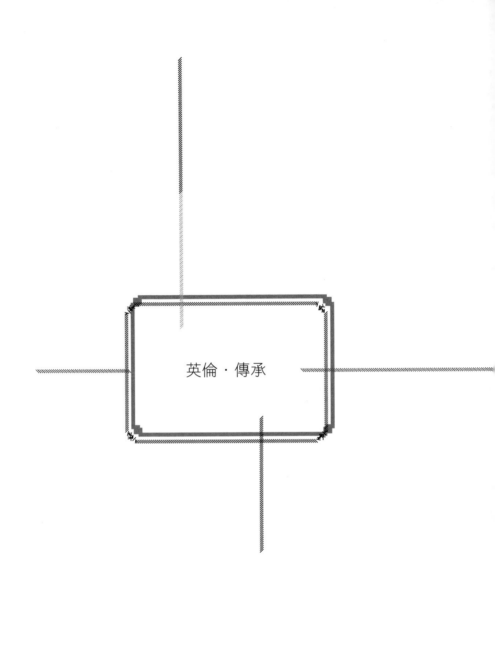

英倫・傳承

倫敦知識大全
The Knowledge of London

這個現代大都會的靈魂被塞在中世紀的街道中，就靠通過知識大全考試的計程車司機帶乘客穿越迷宮，抵達目的地了。Photography_Blasius Kawalkowski - Taxi! - CC BY 2.0

　　《新世紀福爾摩斯》第一季第一集〈粉紅色的研究〉中，福爾摩斯問道：

　　「哪種人即使你完全不認識也願意信任？

　　哪種人無論在何處也不會有人特別留意？

　　哪種人會在人群中找尋目標？」

　　答案是計程車司機。

　　倫敦的黑頭計程車造型特出，是街景的象徵之一。雖然並非所有車輛都是黑色的，但仍統稱為 Black Cab，是目前依法唯一能夠在街頭隨招隨停載客的計程車。即使費率較貴，它仍是趕時間時值得信賴的選擇。其中原因，可能是司機們

皆通過了號稱「地表最難的計程車執照檢定」：倫敦知識大全（The Knowledge of London），簡稱「知識大全」（The Knowledge）。

這個稱呼並未誇大其詞，因為要取得在全倫敦都可執業的「綠牌」，首先要到主管機關「倫敦計程出租車管理處」報名並通過筆試，接著考生會拿到一本「藍皮書」，內含 320 條基本路線，如果在倫敦很想找話題跟司機聊天，或許可以考慮從莊園之家（Manor House）坐到吉布森廣場（Gibson Square），這是書中的第一條路線，也是司機第一條必背路線。

藍皮書上平淡地寫著：「考試範圍以查令十字（Charing Cross）為中心，半徑六英哩（約半徑十公里）內的所有街道、住宅、公園、政府機關、金融商業中心、外交使館、市政廳、辦公室、醫院、教堂寺廟、體育館、航空公司辦事處、車站、旅館、俱樂部、劇場、電影院、博物館、畫廊、學校、警察局、法庭、監獄、景點，以及乘客有興趣的任何地點。」

這意味著考生必須記下兩萬條街道，以及兩萬五到三萬個地點，而且必須倒背如流，才能不靠地圖，立刻想出任意兩點間最順的路線，在腦中規劃出這條路線會經過的街道、路口、圓環，以及轉彎時機。

知識大全並非倫敦獨有的制度，阿姆斯特丹和杜拜也有類似的檢定。真正讓倫敦知識大全成為「地表最難考試」的，其實是倫敦的地景。看過倫敦的街道圖，就知道完全是一團混亂，一點道理都沒有。這個現代大都會的靈魂被塞在中世

紀的街道中，廣度和密度並存。從羅馬人建的城牆向外延伸至一個又一個小村莊，蛛巢小徑隨之蔓延，讓迷宮更加複雜。

其他大都會在歷史長河中可能經歷過程度不一的都市規劃，如巴黎、如紐約。倫敦經歷了 1666 年的大火與重生，和二戰德軍轟炸後的再起，即使有如此大規模的毀壞，種種原因也沒讓「都市規劃」真正實現。用暢銷作家彼得‧艾克洛（Peter Ackroyd）的話來說，倫敦人「總在自己的城市中迷路」。「知識大全」便在此時派上用場，為這座迷宮似的城市，提出奇特的解答。

「知識大全」無疑是身心與記憶的巨大考驗，平均通過測驗的時間為四年，能完成的考生不到一半。有考生表示，知識大全會吞沒一個人所有的心神與意志：

「我每天滿腦子都是知識大全，太太有時在車上會跟我講些生活瑣事，我根本沒聽進去。因為我當時在想，如果從這邊轉彎的話應該可以到吧？看倫敦相關的影集或電影時，永遠都在注意背景，看有沒有走過這條路！」

壓力之大，尤其因為這項考驗的困難之處全都在「出席」（appearance）──筆試後考生必須經歷的一連串面試──是考生與考官之間的正面對決。面試時考生個個西裝筆挺，神情蕭穆。考官會要求考生「跑一趟路線」，也就是指出起點和終點的確切位置與地址後，流利地說出兩點間最順暢的路線，以及所有會經過的街道名稱與行進方向。

由於這整個流程實在很具戲劇張力，BBC 和 Channel 4 分別在 1996 年和 2017 年以此為主題拍攝紀錄片。比較兩部

相隔二十年的紀錄片，考試形式幾乎完全沒變：考生與考官以敬語互相稱呼；在外頭等候的考生不發一語，緊張溢於言表。2017 年，考官的檯面除了多出一台 iPad 以外，還是一張倫敦地圖，兩顆大頭針，外加一根繩子，分別代表起點、終點和路徑。考生所設想的路徑必須越直越好，代表能以最順暢的方式到達目的地。

由於知識大全並不單純只是在找路，閉門造車不可能通過考驗。於是考生得騎上機車實際浸淫在這個城市的巷弄中，這個關鍵程序／儀式稱為「指認」（pointing）。有次在住處附近看到「知識學徒」（Knowledge boys／girls）騎車張望，機車上有塊板子，白底紅字地寫上大大的 L。出於好奇和興奮，在他停下來休息時，我忍不住上前問：「請問 ......你在準備當個計程車司機（Cabbie）嗎？」那位大哥咧嘴一笑說：「是啊！雖然這工作不會讓我成為百萬富翁，可是我喜歡。」

知識學徒們在街頭研究四周環境，記下所有「乘客可能會要求前往的地點」。為此，他們發展出一套系統，在每條路線起點和終點的半徑五百公尺內找出地標，四處觀察，猛寫筆記。這種方式讓考生不僅能記下街名，還能重現整個街景：道路的弧度、街角的小店，以及外牆壁龕裡的雕像。一名考生說：「考官會問你最近有家米其林星級餐廳樓上的某某藝廊，你沒有實際走過，根本不可能知道在哪裡，如果答不出來，那次出席就毀了。」

這些知識學徒一開始有 56 天可以準備下一次出席，如果進展順利，時間會縮短為 28 天以及最後一關的 21 天。隨著

準備天數縮短，每個階段的問題也會越來越刁鑽。考題將會有更隱晦的起點和終點、迷宮似的巷弄，和更難走的路線。

考官個人的偏好與創意也會影響考題難度，比方有考官會出類似「眼睛到鼻子」的無聊雙關考題，意指從摩天輪倫敦眼（London Eye）到蘇活區的鼻子（公共藝術）；九〇年代英國紀錄片的經典反派角色歐梅（Orme）先生，則在考驗一位來自加勒比海地區的考生時，問他種族平等委員會（Commission of Racial Equality）到黑男孩巷（Black Boy Lane）的走法，現在看來應該會被申訴。更有考官會出障礙題：如果哪邊道路封閉無法通行，有什麼替代路線可走？

每次出席都有四趟路線要跑，每趟路線都會加以精確計分。如果每次出席都過關的話，理論上四次出席可以在四個月內完成。但就如前文所提，一般人平均通過時間是四年。這是因為若未達合格標準，會繼續讓考生留在同一個階段，但如果連續幾次成績太差，考生還會「倒退嚕」，比如從 28 天的間隔回到 56 天。儘管達成率不到一半，也沒有人會真的被刷掉，考生只是自己知難而退而已。唯有一路撐下去的考生，才有機會達到「所需標準」，取得夢寐以求的綠牌。

由於挑戰的艱鉅，這些承載迷宮記憶的學徒，也成為腦科學研究者的研究對象。倫敦的腦神經科學研究者找來知識學徒，觀察他們在這段期間內海馬迴的增長，發現通過知識大全的受試者，海馬迴灰質顯著增加，而且在倫敦街頭越多年，這塊負責導航的區域就會越大，說明腦部即使在成年之後，經過高強度的訓練仍有可塑性。

紀錄片中,知識大全的考官岡寧(Gunning)先生說:「倫敦知識大全不只讓你了解倫敦,也讓你了解自己。」

　　知識大全要人全心投入、腳踏實地、重新開發大腦,挑戰自我極限。考生通過的不只是考試,而是一次人生試煉。通過知識大全後,有些人會覺得倫敦變小了,也可以說是這些人的腦袋變大了。

　　在這個人工智慧與衛星導航盛行的年代,這樣的技藝是否古老而過時?幾年前手機上的叫車應用程式 Uber 崛起,帶給這些司機很大的挑戰。然而以倫敦多變的路況和不斷改變的風貌看來,計程車司機要真正被取代還言之過早。即使知識大全最終可能失去功能性的價值,這項挑戰仍是充滿詩意的啟蒙理想:百科全書式、孜孜矻矻的勤勉學習,最終把倫敦的地景印在腦中,以備受信任的姿態,成為倫敦的一部分。這,或許仍是件老派浪漫的事。

大霧霾 Pea Souper

每次讀福爾摩斯，都會覺得某些易容橋段很扯，怎麼可能換個衣服就認不出來，但看到看這張霾害照片，總算明白這實在不用什麼太高明的技巧就能做到。Photography_David Holt - Fog Clissold Park London, December 11 2013 - CC BY 2.0

　　寫信告訴我，今天霧是什麼顏色。

　　在詩人艾略特的《荒原》（The Waste Land）裡，倫敦冬日清晨的霧是棕色的。在狄更斯的小說《荒涼山莊》（Bleak House）中，艾瑟初抵倫敦時，她問迎接她的男士：「是不是哪裡失火了？街上到處都是厚重的棕色煙霧，幾乎什麼都看不到。」年輕男子回答：「親愛的小姐，不是的，這是倫敦特產（London Particular），是霧啊！小姐。」

　　柯南‧道爾筆下的福爾摩斯，總是穿梭在煙霧繚繞的倫敦，在《四的簽名》（The Sign of Four）中，福爾摩斯感嘆黃色的濃霧、泥濘的街道令人厭世。每次讀福爾摩斯，都會

覺得某些易容橋段很扯，怎麼可能換個衣服就認不出來，但看到歷史照片中看不見前方兩公尺的倫敦街頭，總算明白這實在不用什麼太高明的技巧就能做到。

豌豆湯（pea soup / pea souper）這種形容，初見於十九世紀的藝術家約翰·薩坦（John Sartain）的記載，又黃又綠又黑的濃霧，活像食堂裡的大鍋豌豆湯，把畫室窗戶打開，只會讓顏料更臭，混雜了各種城市的滋味，顯然不會改善畫室的空氣品質。

其實早從十八世紀初，霧霾在倫敦就相當常見。只是到了十九世紀，這現象成了致命毒霧，工業化與都市化的餘味被留在冷凝的空氣中。毒霧不只構成健康危害，更是用路者的大敵，每天都有嚴重的交通事故發生，甚至連牲畜也無法倖免於難，1873 年在史密斯菲爾德肉類批發市場（Smithfield market）舉辦的年度牛隻大展，就有許多牛隻真的「氣喘如牛」，不支倒地。

當然，維多利亞時期的英國人並未完全對此坐視不管，只是有時理由很奇怪，某位國會議員便主張：「霧霾讓勞動階級多付出五倍的洗衣費。」沒錯，把成本具現化可能要比健康這種虛無飄渺的理由來得有力。然而霧霾來源眾多，除了工廠、鐵路、蒸汽船，家戶的壁爐燃煤更是「居功厥偉」。每個人都跟霧霾有私人恩怨，但沒什麼人想犧牲原本的生活來改善它。勞工深怕工廠關了生計沒有著落，在麵包與空氣之間選擇了麵包；當時人們普遍相信凝滯的空氣有害身體健康，而爐火有助「空氣流動」，根本性地抗拒禁止使用燃煤。

時間快轉到 1880 年，倫敦每年平均會有六十多起的霧霾事件。儘管電氣化車輛的引進與工廠的外遷，緩解了這情況，但「霧都」幾乎成了倫敦人堅忍不拔的驕傲，跟「二戰精神」（Blitz spirit）▌不相上下。

1952 年 12 月 4 日，終於發生了史上最嚴重的大霧霾（The Great Smog），亦稱「大煙」（The Big Smoke）。由於冷鋒過境，空氣凝滯，很快地，一片濃稠的黃霧便綿延二十英哩，持續一週。由於觀眾根本看不到舞台，「沙德勒之井劇院」的茶花女節目不得不停演。公共交通大亂，有人回憶他走在路上差點撞到機車騎士，對方問他：「地鐵站要怎麼走？」他回答：「往前二十碼你就可以下樓梯了，還有，你根本就騎在人行道上！」

2016 年網飛（Netflix）推出的年度大戲《王冠》（The Crown）便以此次事件為主題拍了第一季第四集。相較於戲劇化的呈現，真實狀況顯得淡定許多，一位當時的醫生回憶，當時並沒有太多人大驚小怪，直到十二月九日霧霾結束後發現死亡率才知道事情的嚴重性。當時的官方統計是 4,000 人，但近年來的報告卻指出，因這場事件而死亡的人數高達 12,000 人。

在五○年代嚴重的空氣污染事件後，在國會議員組成的專責委員會（Select Committee）以及其他議員的支持下，1956 年通過的清淨空氣法（Clean Air Act）成為世上第一部針對空氣品質而制定的法規，儘管當時的保守黨政府對此仍有疑慮，依舊是環境保護的一大里程碑，也是英國因應自維

多利亞時期以降的空氣污染，最強而有力的行動。

　　儘管 1952 年，污染物造成霧鎖倫敦的景象在政府法令及相關努力之下，已然少見。然而，這並不表示倫敦天天空氣清新宜人。現任倫敦市長薩迪克・汗（Sadiq Khan）在競選時便將對抗空污列為主要政見之一，市政府也極力爭取預算改善空氣品質。2017 年冬天，由於氣候影響，空氣中的懸浮微粒濃度偏高，市政府還曾發布空污警報，提醒市民小心公車站牌、地鐵站及路邊的空氣品質不佳，敏感族群應多多注意。亦有倡議者認為，市政府應該在空污指數高的日子，實施交通管制，減少車輛上路造成的污染。「空氣不好的時候，就叫老人和小孩這樣肺部敏感的人待在家裡，實在太超過了。每個人應該都有正常過日子、毋須擔心髒空氣的權利」。

　　而英國媒體披露驚人消息，光是 2017 的頭五天，倫敦就把一年份的空氣污染額度給用光光了──依據法規，每小時的有毒二氧化氮濃度，必須控制在空氣每立方公尺不超過 200 微克的狀況下。就算超過，每年也不得超過 18 次。然而在倫敦數個空氣污染嚴重的幾個地點中，位在蘭貝斯（Lambeth）的布里克斯頓路，在短短五天內就打破了這個紀錄。其他幾個交通繁忙的地點，如商店林立的牛津街、逛街好去處的國王路，還有特拉法加廣場附近的河岸街，也大有在短時間內打破記錄的潛力。

　　與六十五年前的霧霾不同，絕大部分的污染源頭指向路上跑的柴油車輛。薩迪克・汗也加入倡議者行列，鼓吹政府制定新的清淨空氣法，睽違六十年後的新法，則希望能藉由

補助，提供誘因企業和車主汰換柴油車輛，升級至較環保的選擇，另一方面，則希望能讓大眾多使用單車和大眾運輸工具在城市中移動，並增加使用便利性，進一步改變環境。

時至今日，霧霾不再是倫敦特產，在空污無國界的全球化時代，比起維多利亞時期的前輩們，我們的處境並沒有好到哪裡：霧霾的成因很複雜，所有人的責任就是沒有人的責任，霧霾與經濟發展孰輕孰重，人們不願犧牲個人享受（比如空中旅遊）等等，更重要的是，霧霾的流動性無遠弗屆。如果我們真的都跟霧霾有私人恩怨，在穹頂之下，又該怎麼讓更多人相信環境倫理的價值呢？

▋註

「The Blitz」原指 1940 年 9 月到 1941 年 5 月間，納粹德國在倫敦的空襲大轟炸，致使英國軍民死傷慘重，但最後英國不僅撐過長期慘烈的轟炸，空軍也逐漸奪回制空權。Blitz spirit 一詞便引申為堅忍不拔、共赴難關的精神。

航海預報 Shipping Forecast ——————— A

BBC 航海預報中提及英國附近的海域。由芬尼斯特改名成的費茲羅伊，就在左下角。
Photography_ Emoscopes -Map of Sea Areas and Coastal Weather Stations referred to in the Shipping Forecast. - CC BY-SA 3.0

　　幾年前某天半夜睡不著覺，並沒有把心情哼成歌，而是開了廣播來聽，聽到一串很像咒語的東西，後來才知道是大名鼎鼎的《航海預報》（Shipping Forecast），這是從《瞧那些英國佬》看來的。書裡說，聽眾為了某個他們從來沒去過的海域要改名而廣發抗議信連署，那時候我讀到只覺得小題大作地很好笑。明明就是給漁民用的功能性廣播，卻成為

許多「中產階級雅痞」（某報用語）的最愛。直到自己偶然聽到之後，才知道這廣播的魅力何在。

簡單講，「航海預報」就是把英國附近的海域分成好幾區，報告天候、風速、風向、能見度，早晚各一次，很難想像這種廣播有誰會認真聽，但顯然我們太小看了英國佬。茱蒂‧丹契（Judi Dench）就是忠實聽眾，還放在她的荒島唱片選輯，她也是哀怨芬尼斯特（Finisterre）改名為費茲羅伊（FitzRoy）的一員，為此荒島唱片的主持人還特別找來沒有改名前的「航海預報」，認真得非常神奇。然而，我自己偶然聽過一次後，就立刻了解其中的魅力，雖然是一串字詞的組合，但不急不徐的播報音，加上想像自己躺在床上乘風破浪，的確給人一種很奇異的安定感。

由於早晚各一次的播報數十年如一日，這節目似乎也提供了某些人生活的定錨，少數幾次因為技術問題延遲播報，也引起了一些驚擾（「是芥末日了嗎現在？」）。而這種共同記憶也進入了各式各樣的文化中，模糊樂團（Blur）、電台司令（Radiohead）、貝克（Beck）等搖滾樂手都有用來當歌詞或樣本；諾貝爾獎得主謝默斯‧希尼（Seamus Heaney）也寫過一首名為〈航海預報〉的十四行詩；甚至在倫敦奧運開幕式，在艾爾加的音樂開始演奏前，朗誦的也是航海預報。

回到台灣後，有天尖峰時間出門，又聽到《航海預報》，雖然身在人潮中，但不禁覺得自己又回到了那塊從未造訪而變化多端的海域。

某年英國詩歌日，莫瑞·楊（Murray Lachlan Young）也寫了一首〈人民的航海預報〉（The People's Shipping Forecast），平淡有致，家常地令人安心。

秋天
豐饒
蘋果頻繁掉落
六到七顆
晚點來做酸甜醬
載小孩上學
還不錯
等著燙衣服
晚點打英式籃球，五點
畢業找工作，很難
油漆滾筒，一兩支
木蘭花色面積，緩慢增加中
編織，九級全速前進
先喝點貝禮詩甜酒
晚點再吃洞中蟾蜍▊，三四根
退休老人，痙攣抽搐
體重增加九到十
氣流緩慢下降
期待女兒四歲生日
蛋糕發得有夠慢

愛爾蘭海，跨越

姊妹的葬禮

將有低潮，稍後緩和

化療將至

癌症如狂風暴雨

噁心越來越嚴重

吞一兩顆藥丸來平復

拉布拉多，調皮

偶爾溫馴

稍晚會有髒毛巾，五到六條

約克銀髮族馬拉松

昨天的咖哩

讓人不斷放風

風力九到十級

褐髮女子沒人注意

以後才會變漂亮

肥皂廣播劇裡的羅伯好邪惡

海倫的能見度緩緩上升

強烈風暴即將襲來

屁股起疹子，向北擴散

醫生開類固醇藥膏

每晚擦個一兩次

兩三歲的小朋友累了

將要哭哭

頭痛欲裂，颶風等級二

看到費雪牌玩具亂丟

貝爾法斯特洗臉盆滿出來

接受道歉

找到眼鏡

報稅期限到了

一定會拖拖拉拉

論文完成了

欣喜若狂五到六級

問題還是持續，九到十

芬尼斯特到底為什麼要改名？

▍ 註

洞中蟾蜍（Toad in the hole）是用香腸、麵糊、油做的
料理。

A ──────── 商用廢話 Business Jargon

　　Jargon 本意為行話或術語，是專業人士或小團體使用的語言，外人往往較難理解。然而，用在商業世界中的術語，卻逐漸成為流行文化中反諷的一大主題，英國電視劇《辦公室風雲》（The Office）或《W1A》對此均著墨甚多。

　　儘管有各種嘲弄，經理人仍是滿口「管理廢話」，究竟為什麼會有這種現象呢？研究者指出，一個原因是經理人想在語言中偷渡尊爵不凡以及（偽）科學感，以掩飾自己其實沒有在做什麼實事；另一個可能原因則是有些事情直接講傷感情，要用比較曲折的方式說。當然，也有支持者表示商業術語可能有助於溝通，不過從許多上班族分享的經驗來看，商業術語阻礙溝通的機會似乎要比輔助溝通來的多。BBC Radio 4 整理了 12 個英國人愛用（或很恨，看你從哪個角度出發）的商業術語，羅列如下：

　　1. Touch base（摸壘包）：這詞彙源於棒球，打擊者要碰壘包後才能持續推進，或是「安全」免於出局。英國人明明不怎麼打棒球的，這詞彙顯然是從美國來的，意思是保持聯絡，各種形式都行，因此也有進化版的 "Touch base offline"，結合棒球與電腦的術語，其實就是親自見面的意思。

　　2. Close of play（比賽結束）：也是運動術語，就是下班前的意思，有時還會縮寫為 COP，競技型運動的詞彙常常會流入商業使用，想來有某種相似性。

　　3. Blue sky thinking（藍天思考）：就是創意發想，不受

框架拘束。有人說起源於藍天無極限（最好是），有另一種說法叫"Think outside of the box"，也是不受框架侷限的意思，源於一筆劃將點連成線的邏輯小遊戲，一定要畫出框外才有可能完成。

4. Decomplexify（去複雜化）：這就是偷渡尊爵不凡的好例子，有些經理人慣於新造字，加上一堆字首字根來表達原本就有的概念，顯然「簡化」（simplify）會比「去複雜化」更加去複雜化 ......

5. Low hanging fruit（最低的水果）：中文大概可以類比為「摘軟柿子吃」，要人先找比較容易的事情做，不過據說這違反蘋果或桃子的熟成順序，它們都從最高的開始熟。

6. Punch a puppy（揍小狗）：有一說是射殺小狗（Shoot a puppy），源於 1980 年代美國影視產業的俚語，意指人為了出名，不擇手段；現在則指做了會被大家指責，但必須做的事。例如：「這一季的財報很糟，誰要去股東會上揍小狗？」不過也有彙編《牛津商用辭典》的編輯表示，這個詞彙出現的頻率其實很低，通常都是被人拿來諷刺商用俚語的荒謬。

7. Peel the onion（剝洋蔥）：意指對問題追根究柢，可是瑞凡，洋蔥剝完裡面是空的 ......

8. Drill down （往下鑽研）：資料視覺化的素材中很常出現的詞彙，指的是深入了解資料的細節。比方說滑鼠點向圓餅圖中的一塊，便會出現構成那一塊的原始資料。

9. Run it up the flagpole（試水溫）：有一種更生動的說法是「往牆上丟看會不會黏住」，指的是測試義大利麵煮熟

了沒。是說，這樣牆壁不會很難清理嗎？

10. Cascade（層層發佈）：原意為瀑布，實際意義有時會根據情境有所不同，但大致上就是層層往下傳達。

11. Strategic Staircase（策略階梯）：某種管理理論，但BBC Radio 4 小編的評論很精闢：「我們坐電梯就好，謝了。」

12. Rightsizing（員額適當精簡）：因為 downsizing（員額精簡）很難聽，所以改個適當（right）或是聰明（smart），感覺就比較有正當性。

儘管多數人都不特別喜歡這些高來高去的詞彙，但短期內應該都不會消失。探尋這些詞語背後的起源與意義，其實還滿有趣的呢。

[A] ── 巴特西電廠 Battersea Power Station

平克佛洛依德有張飛天豬的經典封面，便是以巴特西發電場為背景；而《新世紀福爾摩斯》的多次密會也在電廠裡。
Photography_Gaetan Lee from London, UK - Cropped version of Battersea Power Station, CC BY 2.0

倫敦有個相對低調的地標，叫做巴特西發電廠（Battersea

Power Station），以燃煤發電。電廠主建築物佇立了四根大煙囪，只要看過就很難忘。電廠很久以前就由於空污因素停止營運，荒廢多年。

搖滾迷可能會知道，平克佛洛依德有張飛天豬的經典封面，便是以巴特西發電場為背景；《新世紀福爾摩斯》的多次密會也在電廠裡，因此我一直很想近距離看看這四根大煙囪究竟長什麼樣子。

最近整塊地產被馬來西亞的開發商標走，要重新弄成購物商城與住宅，預售一開放也是秒殺。這個風聲傳出去，大家都怕再也看不到原來的樣子。前陣子建築開放日長長的人龍繞了好幾圈，只好作罷；這個夏天，海尼根與一家電影公司合作，在電廠前面架了露天電影院，活動叫做「倫敦夏日力」（The Power of Summer）。戴耳機喝啤酒躺在懶骨頭上，邊看電影邊把電廠當背景，感覺實在很美好啊，於是一時衝動就訂了票。

但是，人生就是充滿了但是，我忘了查天氣預報：本日天氣傾盆大雨一整天。於是跟室友說，怕你淋雨生病，算了，我還是自己去吧。於是全副武裝，還特別去運動用品店買了防水外套與雨褲。到了現場要用信用卡換票，工作人員說：「不用了，我相信你，誰沒事會在這種傾盆大雨中特地跑來買票呢？」「還有，因為預期不會有什麼人來，你可以升級到貴賓座，有個小屋簷跟防水墊，還是有點濕啦，不過不會太濕就是了。」

我本來還以為「不想浪費票錢」這種神經事只有我會做，

結果沒想到硬派的倫敦人來了二十多個。我整個人瑟縮在小屋簷下避免淋濕，但硬派的倫敦人在雨中走來走去，還把腳伸直到外面淋雨。看著硬派的昆汀塔倫提諾電影殺來殺去的同時，忽然覺得這種傾盆大雨好適合當背景。走出場的時候，只有我的褲管是乾的，硬派倫敦人毫不在乎地踩著全濕的鞋子散場。倫敦夏日力，應該是一種硬派的態度吧。

Ⓦ Ⓐ ——— 倫敦塔守衛 Yeoman Warders

具有近千年歷史的倫敦塔（Tower of London），是倫敦的熱門觀光景點。然而曾經是囚禁犯人和行刑所在的倫敦塔，也常令人覺得古老而神秘。第一次進倫敦塔是為了看戲，內容講的是都鐸王朝亨利八世的第二任妻子安·博林（Anne Boleyn）。亨利八世有六任妻子，下場分別是離婚、砍頭、死，離婚、砍頭、活，而安·博林正是童謠中第一個被砍頭的那位，行刑地點正是倫敦塔。

製作團隊因此商借倫敦塔一隅，讓觀眾體驗在歷史現場看戲的臨場感。我還記得工作人員把我們領進去時，走過已矗立千年的白塔（The White Tower）以及歷代陸續興建的建築群，懷古之情油然而生。另一個也讓遊客很有感覺的畫面，則是隨處可見的御用侍從衛士（Yeoman Warder），儘管他們身邊總是圍著一大群遊客，但一身筆挺具有古意的制服，再加上信口拈來的各種倫敦塔奇譚，實在頗有穿越時空之感。

然而，如果真的穿越到幾百年前的倫敦塔，對這群御用

侍從衛士的觀感可能截然不同。早在 1598 年的記載中，倫敦塔軍官約翰・培頓（John Peyton）便抱怨這群衛士中很多人都相當地不適任：「怠忽職守，時常喝得酩酊大醉、紀律渙散、彼此爭執不休。」古董收藏家約翰・貝里（John Bayley）更直接說這些衛士很丟臉：「不守護倫敦塔就算了，他們還攔住每個想要參觀倫敦塔的遊客，強迫他們接受『付費導覽』……」

　　至於對女性遊客毛手毛腳、勒索痛毆遊客的情事更是時有所聞。這些不光彩的過往又可以連結到御用侍從衛士的一個有趣傳統，在新衛士宣示時，大夥要拿著一碗波特酒祝福他：「願你不會死在這職位上。」背後的原因是這個包食宿的職位是隨時可以拿來買賣的，所以如果死在這職位上，就錯失了海撈一筆的大好機會，那可就虧大了。有著如此不堪的傳統，這些衛士得以轉化成為寶貴的「國家文化資產」，其實要歸功於第一代威靈頓公爵（Arthur Wellesley, 1st Duke of Wellington）。1826 年，他就任倫敦塔總管時，進行大刀闊斧的改革。

　　首先他開除了最糟糕的衛士，並廢止職位買賣的陋習。他同時在聘用資格上新增條件：應聘者需有二十二年的服役經歷，軍銜在准尉（warrant officer）之上，並獲頒品行優良獎章，才有資格申請成為御用侍從衛士。這樣的制度也間接造就了衛士選用的民主化，無論來自英格蘭、蘇格蘭、愛爾蘭或威爾斯，無論出身高低，都有機會在國家的文化寶藏內擔任這項備受敬重的職務。

　　名義上，這些衛士的職責是守衛倫敦塔，時至今日，這項工作實際上已外包給私人保全公司。衛士彷彿成了歷史遺跡，或保存歷史記憶的說書人，在歷史現場穿梭來回，講述曾經發生與不曾發生的事。最特別的是，為了讓說書的工作不那麼嚴肅，甚至帶點英式的娛樂性：在理應莊重的導覽中帶來違和感。身著筆挺制服的衛士，在講解中總夾雜些亂七八糟的笑話，強化遊客不期然的歡樂體驗。

　　除了導覽外，衛士另一項很特別的工作則是烏鴉大師（Ravenmaster），御用侍從衛士中有一位要負責飼養倫敦塔中的六隻烏鴉。始於查理二世，傳說若烏鴉從倫敦塔飛走，英國便會覆滅。自此以後，剪過翅膀、讓它們不能飛遠的烏鴉們，就交由烏鴉大師照顧。

　　不過實際上，1981 年有一隻烏鴉成功飛走，據稱還有人在倫敦東邊的酒吧屋頂上看到牠的最後身影；2013 年則有兩隻烏鴉被狐狸咬死，讓倫敦塔管理單位不得不強化安全措施。

　　身為觀光重地，倫敦塔內每天都有導覽，由身穿筆挺制服的衛士領著遊客進行約一小時的解說。在六個停駐點講的故事大同小異，每名衛士有各自版本些微不同的笑話。在寬闊的園區裡，為了不用麥克風還能吸引遊客注意，他們會用稍微正式的用語並提高音量，「女士與先生們」是共通的發語詞。宣傳手冊上對於導覽的形容是：御用侍從衛士導覽是倫敦塔觀光的一大賣點，這些衛士（亦稱為『牛肉食客』（Beefeater））會用各種充滿詭計、囚禁、處決與凌虐的故事來娛樂貴客 ......

往往從導覽一開場，這些「娛樂」便令人發噱。比方說，衛士會請所有人靠近，但忽然指著一名男性遊客說：

　　「站住！」衛士接著說：「這是基礎英文測試，你會英文吧？」「會的。」「真的嗎？」（眾人大笑）

　　衛士這時才指示眾人：「靠近一點。」

　　這笑話的功能除了營造開場的氣氛，也吸引其他遊客的注意，由於參加這些導覽的遊客都可以自由來去，一旦內容稍嫌沈悶，人潮很快就散了，因此衛士必須設法開些無傷大雅的玩笑，才能持續吸引觀眾聆聽。

　　另一種典型的鋪眼方式是在定點講完歷史故事後，準備前往下個定點。一方面緩和遊客聆聽的緊張氣氛，一方面則作為轉換地點的暗示。這些指示往往也詼諧有趣，比如說：「我現在要鄭重警告你們，有些人會覺得下一站既黑暗又神祕，甚至直到今天都還令人飽受折磨！」

　　正當遊客以為接下來要去的是關過塔中王子的地牢時，衛士接著說：「對此我毫不意外，因為這裡就是紀念品店。」如此故弄玄虛又出乎意料之外的哏常讓人莞爾。是的，搞不好紀念品店讓人買到想剁手，那的確是種折磨。

　　領略這樣的幽默可能需要一些文化知識與理解，若有一定程度的英文能力與對英國歷史的熟稔，比較能夠享受其中。當然，也可以在聽完之後，快速用維基百科惡補一下。除了亨利八世外，打算炸掉國會大廈卻功虧一簣的蓋・佛克，與英國護國公克倫威爾都是導覽中會提到的歷史人物。

　　遊客的國籍，特別是英國前殖民地，也是倫敦塔導覽常

用的哏。例如衛士問遊客：「你從哪裡來？」

「澳洲。」

「退下！你怎麼還敢站在前面。」（澳洲曾是英國犯人的流放地）。

對著另一位遊客來自波士頓，衛士說：「我們的茶呢？」（美國人為了抗稅將英國運來的茶在波士頓到港時全丟入海中）。或是在提到支持北美殖民地的威廉佩恩（William Penn，因其信仰多次被囚禁於倫敦塔）時，指著美國來的遊客大聲地說：「我知道他在你們那裡是偉人，但他在這裡還是叛國的罪犯！」

這些充滿英式反諷、自貶與想像力的玩笑話，讓歷史人物與事件從遙遠的記憶中甦醒。有趣的是，由於御用侍從衛士是「倫敦與英國的象徵」，因此不會講任何攻擊體制或皇室的笑話。相反地，衛士們不時流露出對女王與國家的熱誠，對於塔內各種英國文化及皇室的歷史如數家珍，為遊客們細細解說。比如說，遊客可能在郵筒或物品上看到的 E II R 並不是兩間急診室（Emergency Room, ER）而是伊莉莎白女王二世的皇室符號（Elizabeth II Regina）。

這些御用侍從衛士的幽默感代表著對倫敦塔與整個國家的尊敬。若想體驗典型的英式幽默，倫敦塔會是不錯的選擇。漫遊古蹟間，領略讓人開懷大笑，知識與娛樂兼具的導覽，正是這些御用侍從衛士們為千年傳統帶來的全新感受。

皇家郵政 Royal Mail

　　Royal Mail 是英國的郵政服務，根據維基百科，它的歷史可以追溯到 1516 年，換句話說，已經五百多年了。紅色的郵筒跟紅色電話亭一樣，都是英國街頭的重要地景標誌。郵筒上頭不同的英文字，便是代表它設立時是哪位君主在位，例如目前看到的 E II R，代表的是 Elizabeth II Regina（Regina 是拉丁文中的 Queen）。先前倫敦奧運，皇家郵政還把每個金牌選手家裡最近的一個郵筒漆成金色，我還蠻欣賞這個點子的，想想你每次經過就會想到「我鄰居得了奧運金牌」，應該很爽。

　　如同許多英國的公共服務逐漸走向民營化，去年開始，Royal Mail 有一部分的股份開放大眾認股，可惜股市交易不是我的專業，不然這篇可以是股海明燈獲利分析。

　　對英國郵局的第一印象，是為了買明信片寄回台灣。宿舍附近的郵局藏身在雜貨店後方的小櫃檯，我心想原來英國跟台灣一樣，也搞多角化經營，不曉得他們會不會賣面膜？櫃檯小姐聽說我要寄明信片，跟我說買一張 first class 加一張 second class 的郵票就可以了，我丈二金剛摸不著頭腦，想說這國家的郵資也太妙了，還分一等跟二等。後來才知道一等跟二等郵票僅限國內郵件，寄往國外還是要依照地區跟種類買足額的郵票（例如明信片大概是 70p、80p，卡片一鎊多）才行。某次我寄生日卡片給學長，發現國際郵件的郵票沒了，發懶乾脆貼個一等郵票上去，結果寄達時上頭還有英國郵局

的印章，説請把郵遞區號寫清楚，我猜測處理人員一開始把它當成國內郵件處理了。

看過有人將「皇家郵政」戲稱為「皇家敗陣」（Royal fail），原因也在於它不太穩定的服務品質。之前好友包裹遺失，寫抱怨信給客服還副本皇家郵政 CEO，據說處理的效果有加快一些；先前我寄重要文件回台灣，因為郵包嚴重耽擱，差點誤了截止期限，客服也愛莫能助，光追信件就氣飽了；還有某次看到鄰居的信被弄得像狗啃的，邊緣碎裂不堪，郵局人員將它用塑膠袋裝起來，附上道歉函跟受理抱怨單位等資訊，我看著那郵件，忍不住好奇它是發生了什麼事。

在英國，如果需要出遠門一段日子，可以付費叫郵差幫忙把信留著，等到回來的時候再一次送達，以免被宵小發現此戶無人。搬家時，也有提供轉址服務，將信件自動轉往新址。如同電子郵件取代許多手寫信件的需要，網路上的無紙賬單盛行，皇家郵政的郵遞業務，也漸漸地不以信件為主，反倒是網購相關服務成了大宗。郵差送來亞馬遜的商品、或是網購衣物需要退換，也可以到郵局辦理。如同中華郵政走向多角化經營，皇家郵政也有各項保險業務開辦，也可以去兌換外幣，買旅行時很好用的外幣預付卡等等。在超市、書局也有簡單賣些郵票的情況下，往郵局去買郵票反而少了，偶爾有時間，我還是會因為寄信而去買郵票，有時會恰好拿到有趣的主題。另外，每年他們也會發行特別的耶誕郵票，讓還有寄賀卡習慣的人有些節慶氣氛。我偶爾也會看看最近有什麼特殊主體的套票發行，湊熱鬧買個一套來珍藏。

尋根節目 Who Do You Think You Are? —

BBC 製播的家族史紀錄片《你以
為你是誰？》之片頭，以家族樹
為概念視覺，帶頭追本溯源。
Photogvapby_Fair use.

你以為你算老幾？（Who do you think you are?）

這句話可不是鬥毆時的挑釁問句，而是 BBC 製播的家族
史紀錄片《你以為你是誰？》。自 2004 年開播至今，《你以
為你是誰？》每季邀請十位名人，探索自身的家族史。參與
過的主人翁多屬螢光幕前為人熟知的面孔，例如《哈利波特》
的作者 J.K. 羅琳，《廚房女神》奈潔拉（Nigella Lawson），
飾演「華生」的費里曼（Martin Freeman），以及《英國烘
培大賽》的兩位評審瑪莉‧貝利（Mary Berry）和保羅‧郝
萊伍（Paul Hollywood）等。

節目的敘事手法往往從當集主角目前的生活出發，談談
他們想追溯家族史的動機，有的參與者因為有了子女甚至孫
兒，希望能對他們訴說更多自己的家族故事，進而引發想尋
根的念頭；有的名人曾經聽聞某位未謀面的祖先的事蹟，因
此想瞭解更多。因為戰亂、移民，製作單位有時還需要去到
加拿大或是歐洲其他地方，非常用心。

十多年來，已經有上百位名人上過此節目，在風潮帶領之下，甚至有了十七國先後製播的版本，雖然製作的集數不一，卻可見到探索、尋找家族故事的共通性：自己從何而來？為何成為今日的「我」？又將如何把這樣的個人及家族史傳遞下去，顯然是相當值得思考的事。甚至帶起英國大眾追溯家族史的風潮。

無怪乎先前去聽大英圖書館導覽，館員建議我們復活節盡量不要過去，因為「獨立研究者」很多，那些獨立研究者通常感興趣的都是家族史，另有專門的課程在教人如何撰寫家族史。配合《你以為你是誰？》節目出版的雜誌，其網站上還提供資源，讓有興趣追本溯源的觀眾如何開啓一段尋根之旅。

尋根的第一步，常是從主角家中的舊照片、手足和親戚開始，繪製家族樹；若想進一步得知特定先人的生平，則往往可以從出生、結婚、死亡證明中找到下一步的蛛絲馬跡，這些資料為個人的生命歷程留下足跡，卻也與教會緊密連結──受洗、婚禮、喪禮，保留完整而詳盡的紀錄可回溯至數百年。

除此之外，英國自 1801 年以來每十年舉行的戶口普查，除了反映社會變遷之外，已達年限而得以公開的原始資料中，完整記載個人年齡、職業以及家中人口；透過普查資料，得以追蹤個人的生涯的變化。例如十年前本來做生意做得好好的，十年後卻進了專門收容窮人的濟貧院，是什麼原因造成這樣的變化？

隨著節目推展，觀眾也跟著抽絲剝繭。濟貧院的生活是什麼樣子？透過專門研究的學者（一集下來可能需要四五個不同專長的博士）淺顯易懂地說明，和走訪遺留下來的建築，不僅填補了想像的空白，也讓保留下來的文化資產重新產生意義。

　　作為紀錄片，《你以為你是誰？》的敘事手法並不沉悶，可能多半主人翁就習慣上鏡頭，在攝影機前顯得比較自然，另一方面則是吸引觀眾一同揭秘的趣味。儘管製作單位在拍攝前已經對當事人的家族做了研究，卻常對其三緘其口，等待拍攝時才揭曉。例如演員派翠克‧史都華（Sir Patrick Stewart）所接到的指示只有：「打包六天份的換洗衣物，到帝國戰爭博物館碰面。」

　　若是祖先曾經逃避戰亂，或是移民，節目也常上山下海，走訪八千里路。此番尋根的旅程，會有什麼樣的發現，往往出人意表，你以為的「自己」，聽說的那段「家族史」，未必與已知或預期的結果相同，當然，也可能意外發現某些家族中較為隱晦的秘密，例如婚外情、犯罪紀錄等等。

　　有時候，還會發現家族中的相似性。例如寫作《哈利波特》時為單親媽媽的 J.K. 羅琳意外發現自己家族中有多位單親媽媽；以甘道夫一角名享國際的伊恩‧麥克連（Sir Ian McKellen）發現自己家族祖先中也有職業演員；或是《英國烘培大賽》名廚瑪莉貝利意外得知先人也曾是烘培師，種種因緣與巧合，也透過如此過程一一浮現。

　　在這個回溯家族史的節目中，瞭解名人軼事當然可以是

收看理由，但我認為最吸引人的是看個人家族史如何鑲嵌進歷史社會脈絡中，從中常能學到許多英國文化史，尤其是維多利亞時期和一戰、二戰時期的眾多歐洲歷史。

例如曾任倫敦市長、現任外相的鮑里斯·強森（Boris Johnson），其曾祖父阿里·可瑪（Ali Kemal），曾是鄂圖曼土耳其帝國的記者及政治家，最後死於暗殺。往上追溯的祖先在不同時空有著不同奮鬥，時代、家族與個人的興衰在節目中有了完整的連結，人也在其中更能體會自己的位置與根源。好幾集都看得讓人淚眼汪汪，每次都在想這明明是別人的故事啊，為什麼這麼好看。或許令人感動的並非旁觀他人的生活，而是在不同軌道中，面對與承擔自己命運的勇氣與掙扎，歷史並不是陳舊資訊與乏味事實的堆砌背誦，而是一個又一個的真實故事。曾演出《新世紀福爾摩斯》中華生醫生的馬丁·費里曼，便發現祖父曾經參與二次大戰，但卻在敦克爾克大撤退數日前陣亡。

一般史書上，敦克爾克大撤退奇蹟地讓 34 萬盟軍離開歐陸戰場，為日後盟軍的勝利奠定基石；但遲來的奇蹟，卻給了費里曼的祖父另一種結局。對觀眾而言，這提供了新的角度認識戰爭——在名列青史的戰爭英雄、領袖之外，那戰死沙場的陣亡將士們，不僅僅是數字或列冊上的名字，背後都有他們各自的故事。除此之外，透過挖掘歷史文物，主角們也更能瞭解祖先曾經的步履。

影片中，費里曼得以閱讀祖父受訓時使用的教材、找到祖父陣亡時的相關記錄，還能看到刻有祖父名字的紀念碑，

他在節目中感嘆地說：「原來這些資訊一直都在這裡，我卻不知道。」

對於尋訪先人腳步的後代子孫，透過專家協助及對史料的挖掘，讓不起眼的線索重新產生意義。不同於小說，歷史必須建立於可徵信的材料上，並演繹出相對合理一致的推論。很難有一種史觀是「完全正確」的，但這也絕非暗示什麼都是權力下的便宜詮釋。理想上，歷史應該是認識這個世界的起點：自己是誰，跟周遭的關係是什麼，為何會身處今天這樣的情境。當然，這些問題可能永遠不會有清楚容易的答案，但在真誠追尋的過程中，也許才能抵擋生命中不可承受之輕。

從另一方面來說，若非完整儲存的大量史料，和妥善保存的歷史建築，這樣的尋根節目不會精彩，甚至可能在蒐集資料之時便成了不可能的任務。如何看待歷史？當然它可以是宏觀知興替之鏡，卻也可以充滿對常民、個人生命史的關懷。回首過去，對自己從何而來的探索，也讓那些改變世界的大事件變得立體。

學歷史所為何事？我想《你以為你是誰？》正提供了一個好答案。而節目好看的關鍵在於即使意識型態在所難免，仍然能用比較宏觀的角度，如實看待這些零碎單一的事件，連結展開成一幅有意義的圖像。如果說什麼是文化與社會的底蘊，這底蘊，不正是歷史的縱深與各種真實故事的連結嗎？好的壞的，都是我們之所以為我們的祕密啊！

———————— 小熊維尼的九十歲生日
Winnie the Pooh turns 90

小熊維尼的故事地點設定在艾須瀋森
林。森林管理單位還特別設計了兩套散
步行程，讓造訪的書迷可以按圖索熊。
Photography_ Peter Castleton - Cropped
version of frozen pond, CC by 2.0

　　最近有個很可愛的新聞：小熊維尼九十歲了，為了
紀念這個里程碑，新的維尼故事《小熊維尼與皇家生日》
（Winnie-the-Pooh and the Royal Birthday）向今年同樣過
九十歲生日的英國女王致敬。故事中，維尼跟好夥伴們來到
倫敦，看到許多著名地標、跑到白金漢宮、見到女王；不僅
如此，喬治王子還在其中軋了一角。

　　誕生於 1926 年十月的小熊維尼，是英國作家米蘭（A.
A. Milne）筆下的人物，插畫則是由薛帕（E. H. Shepard）
完成，小熊維尼和小男孩克里斯多福‧羅賓（Christopher
Robin）、小豬（Piglet）、跳跳虎（Tigger）、驢子屹耳
（Eeyore）共同生活在百畝森林裡，除此之外，故事中還包

括其他森林中的動物，以及偶爾出現的克里斯多福羅賓的媽媽，不過，小時候看的卡通裡，媽媽出現時，都只有頸部以下的戲份。唸書的時候很喜歡小熊維尼，為此還曾經吃了好一陣子的麥當勞兒童餐，只為了要蒐集全套的玩具。後來久未看相關的出版品，這則新聞又勾起我溫馨的回憶。

　　克里斯多福·羅賓真有其人，其實正是作家本人的兒子，而這些動物們是他的玩具。當《小熊維尼》初版時，作家將之獻給當時剛出生的小伊麗莎白公主（雖然眾人沒料到她會成為女王），女王的父母、當時的約克公爵夫婦，還收到一套小熊維尼主題的茶具。據說女王正是此書書迷，讓女王與小熊維尼在書中相見，感覺也讓故事歷久彌新了。小熊維尼的故事地點設定在索塞克斯郡（Sussex）的艾須蕩森林（Ashdown Forest），從倫敦可以坐車到東格林斯特（East Grinstead），森林管理單位還特別設計了兩套散步行程，讓造訪的書迷可以按圖索熊。

　　小時候看卡通時看到的維尼，有著胖胖的肚子與紅色背心，事實上，這是後來美國人史萊辛格（Stephen Slesinger）所畫出的版本，在英國較常看到的則是經典版。不可否認，紅背心的維尼彩度比較高，視覺上比較活潑，不過也許是年紀漸長，反而比較欣賞經典版本的質樸。相較其他小時候看的日本、美國卡通，小熊維尼的生活倒顯得有些恬淡，沒有什麼抵擋邪惡力量的情節（有嗎）。

　　小熊維尼幾位好朋友的個性也很鮮明，例如總是動來動去的跳跳虎、憂鬱而會發發牢騷的屹耳，還有口頭禪是「糟

了」的小豬。在《瞧那些英國佬》這本書中，還將英國人的某種抱怨方式命名為「屹耳式抱怨」(Eeyorishness)。作者認為英國式抱怨有以下特色：「非常沒有效率，人不會聽到不滿的抱怨或直面始作俑者，只會一直相互發洩不滿，因為『哀哀叫法則』是禁止提出實際的解決方式的！」讀到這裡，腦中浮現屹耳一邊講話一邊搖尾巴的模樣，的確是很貼切。

九〇年以來，米蘭創造的作品影響了數個世代，也是個老少咸宜的故事，米蘭在 1956 年逝世，而小熊維尼的相關版權收益則有四個受益者，除了家人之外，還有皇家文學基金會（Royal Literary Fund）、西敏公學（Westminster School）、蓋瑞克俱樂部（Garrick Club）。因為他留給皇家文學基金會的捐贈，也讓筆者間接受到他的幫助。為什麼呢？因為這筆資金（敝校老師稱為小熊維尼基金），成為獎學金（Fellowship），讓 Fellow 們與英國的大學合作，提供學生與教職員在英文學術寫作技巧的幫助。論文寫作中途，我也曾拿著自己寫的東西、在約定時間請 Fellow 幫我看看寫作上的問題。這項服務無須學生付費，其實是相當慷慨而貼心的舉措。

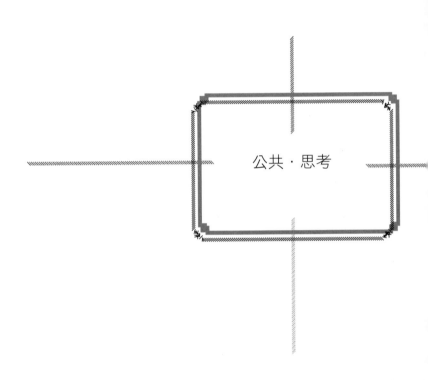

公共・思考

A ———————————— 伊頓公學 Eton College

　　2014 年時，泰晤士報委託英國民調機構 YouGov 做了一份民調，題目是：「你認為政治領導人會因為哪些特質而不適任？」最有趣的發現是，曾就讀伊頓公學（Eton College），竟要比發生婚外情、年輕時參加過極右派、吸毒、拍裸照等等，讓更多民眾無法接受。也是伊頓校友的演員多明尼克・韋斯特（Dominic West）曾說過，在各種惡名當中，唸伊頓公學對媒體而言，大概只比戀童癖稍微好一點。

　　然而，這所伊頓公學，也是產出十九位英國首相，以及無數社會菁英的超級名校；校友「老伊頓人」（Old Etonian）不僅限於政治圈，也包括威廉跟哈利王子、「湯斗森」（湯姆・希德斯頓 Tom Hiddleston）等名流。

　　在 2014 年伊頓公學的入學申請，有 1,300 人爭取 250 個名額，申請的人大概是小學畢業的年紀，準備考一場不太能靠惡補準備的智力測驗，再逐一接受面談，以確定來自小學的推薦並非誇大其辭。而最近一次的畢業統計顯示，2014 年的 268 名畢業生中，有 82 人獲得牛津大學或劍橋大學的入學許可。如果英國虎爸虎媽們的心目中有人生勝利組的成功方程式，這大概就是某種極致路線吧。

　　人生勝利組的代價顯然並不便宜。如果完全沒有獎學金的資助，伊頓公學的學費加上寄宿費用，一年要價 37,062 鎊，即使現在英鎊直直落，折合台幣也是在一百五十萬元上下，唸個五年大概就可以買一間小套房了。

這個嚇人的數字，再加上英國政治人物（過去幾年以前首相卡麥隆與前倫敦市長強森為代表）不時的「脫俗」表現，使伊頓公學成為一個羨慕嫉妒恨的集合體——羨慕的是這些人得以享用充沛無比的教育資源；嫉妒的是人聰明、父母又有錢，真是個幸運精子；而恨的則是這些完全與「現實社會」脫節的天龍人，卻又反過來掌握現實社會的規則。

　　2013 年，時任英國首相的卡麥隆任用了「第六位」出身伊頓公學的政策顧問，剛好是時任倫敦市長鮑瑞斯·強森（Boris Johnson）的胞弟喬·強森（Jo Johnson），引起輿論的軒然大波。用今天的流行語來說，首相所在的唐寧街十號的小圈圈大概是個「暖到不行的同溫層」。

　　卡麥隆對此的辯護是「他的腦袋夠聰明，完全勝任這個職位，跟他出身哪裡沒什麼關係。」甚至有種辯護是「伊頓公學訓練出來的學生比較有公共服務精神」，當然，這也並非完全是無稽之談。根據伊頓前任校長東尼·利特（Tony Little）的說法，伊頓公學有這個環境讓學生準備好各自的遠大前程。

　　利特在 BBC 廣播訪問中，詳細闡述了伊頓公學的特出之處。他認為學校提供了足夠的資源與支持，讓學生能成為獨立、開闊且自信的個體。當主持人詢問這是否是階級特權的堆積，利特以自身的經歷反駁，說他也是接受全額獎學金的中下階級孩子，因為進入伊頓公學而改變了人生的軌跡，在成年之後才決定回來當校長，希望有更多人能得到這種轉變。

　　利特也表示，伊頓公學正在往「不論出身」（need-blind）

的方向努力，有越來越高比例的學生接受程度不一的獎學金入學。2014 年時，BBC 兒童台 CBBC 甚至拍了紀錄片《我的生活：全球最有名的學校》（My Life: Most Famous School in the World），詳細記錄三位學生在伊頓公學的日常生活，三位學生分別來自不同族裔與不同背景，接受了全額獎學金進入伊頓公學，雖然還是有諸多不適應與挑戰，整部片仍是相當勵志。

　　話說回來，再怎麼樣伊頓也不可能完全「不論出身」，那一身燕尾服、拉丁文教學、各式各樣悠久而奇特的傳統（遲到簽到簿、學長專用草坪、學校專屬划船湖），在在都顯現了伊頓公學的尊爵不凡。因此，當伊頓公學投注資源在貧困的東倫敦，設立免費學校「倫敦優異學院」（London Academy of Excellence），他們也沒有意圖要完全複製伊頓公學的成功經驗，畢竟資源的差距實在太過龐大。這麼說來，難道多元開放的環境是一種包在泡泡中的假象嗎？

　　讓這個泡泡更加難以穿透的一點，大概就是寄宿（boarding）制度了，甚至有人把伊頓公學比做現實世界的霍格華茲，來自中國、俄國的菁英階級都渴望進入這個魔法學校。然而，如果寄宿制度再加上僅收男性的規定，這對青春期的孩子來說，會造成什麼樣的影響呢？

　　BBC 所拍的另一部紀錄片《非常英式教育》（A Very British Education），記錄了另一間男子寄宿中學雷德利公學（Radley College）孩子們就讀時與其後的發展。片中讓我印象最深刻的訪談，是男孩們都必須發展出不同的生存策略，

有些戮力成為老師的寵兒，有些成為運動健將，有些成為搞笑大師，而有些則想辦法叛逆到違反每一條校規。不少人受訪時都表示，二十四小時的相處，代表你無處可逃，因此必須「長出」一層保護殼，久而久之，連自己都相信這層保護殼就是真實的自己了。

2015 年，保守黨內戰時（卡麥隆與鮑瑞斯・強森同室操戈，兩人也均是老伊頓人），便有心理醫生撰文，主張寄宿學校的生活會養成無謂的競爭意識，可能讓人變成長不大的小孩。另外，紀錄片中訪問了一位太太，他的先生曾是寄宿生，當被問到是否也有意願將自己的小孩送去寄宿學校，她回答：「那他需要抱抱的時候，有誰會在那裡？那是我的工作，我不想假手他人啊。」這也說明了新一代的父母對於寄宿制度的其中一個疑慮。

伊頓公學的成功是有目共睹的，這並不是一所完全用金錢所堆砌出來的學校，如果僅是如此，它也不會有那麼特殊的地位與名聲，它培養了學生的眼界、能力與企圖心。然而，這麼做的代價，是否忽略某些人性的情感需求與心理安全感？是否很容易讓學生失去了某種現實感？

這些問題都不是隻字片語可以輕易解答的，不過或許我們也可以從中發現各種不同期待的拉扯——我們希望孩子變成什麼樣的人，我們希望自己變成什麼樣的人，這並不是一個容易回答的問題。在看著伊頓公學的天龍菁英的同時，或許我們也可以想想自己希望教育達到的究竟是什麼。

A ──────────────課綱中的莎士比亞
National Curriculum

1996 年《羅密歐與茱麗葉》的電影海報。1998 年便有報告指出，此片大幅提升了學生的課業成績，根據統計，當年有 62% 的 14 歲學生選擇修習《羅密歐與茱麗葉》；也有老師說：「用這部片子上課時，連續三天完全沒人缺席。」Copyright 1996 20th Century Fox, Fair Use

　　2007 年，英國的募款活動「紅鼻子日」上，喜劇演員凱瑟琳・鐵特（Catherine Tate）在段子裡飾演問題少女蘿倫・古柏（Lauren Cooper），先是跟同學說：「只有魯蛇才讀書。」（Reading is for losers.），還對著新來的英文老師大衛・田納特（David Tennant，當時扮演著名影集角色《超時空奇俠》Dr. Who）不斷挑釁，老師即將動怒之際，她卻拿莎翁的哏回敬老師，甚至信口背出莎翁的十四行詩。段子裡的反差似乎顯示了不少人對莎翁的心聲：就算可以把作品背得爛熟，老娘就是不喜歡，要我坐在教室裡聽，「懶得鳥你！」（I still ain't bovvered.）

這段影片也許只是搏君一笑，但莎士比亞在當今英國的課堂上，究竟有什麼樣的地位呢？

　　故事要從一百多年前說起，進入二十世紀之際，英國正逐步將義務教育延伸到中學，英文也逐漸取代古典學成為教育主軸，莎士比亞可說是「英國之光」般的存在，這位備受崇敬的英格蘭紳士被譽為史上最偉大的詩人，劇中角色深刻描繪人性與普世價值，超越時空限制。另外，維多利亞時期的英國人也相信，接觸莎士比亞這種「精緻文化」可以陶冶性靈，讓人變成更好的公民，並在道德、心理與情感上得到長足的發展。

　　到了 1960 年代，儘管政府的紐森報告（Newsom Report）仍堅稱「所有學生都得從偉大的文學作品中獲得啟蒙體驗」，然而教育現場普遍的聲音是：莎士比亞好是好，但對青少年來說實在太難了，因此，現實上逐漸演變成學習成果比較好的中學會教莎翁作品，學習成果比較差的學校就直接放棄。在此同時，劇場與學術界也傾向讓莎士比亞漸漸脫離英國道統的代言人角色，不再迷信其不可撼動的「唯一價值」、「正統詮釋」，體認到莎劇是流動的文本，導演、演員與作家也可以參與其中，著名的劇場導演彼得・布魯克（Peter Brook）之作品便是一例。

　　然而，莎劇到了此時仍未成為全國課綱的指定文本，因為全國課綱根本還沒誕生。

　　1976 年，時任首相的詹姆斯・卡拉漢（James Callaghan）在演講中憂心公立學校教育的品質參差不齊，

引發全國課綱的諸多討論。保守黨普遍相信莎士比亞是英國文化的精神堡壘，是變局中堅忍不拔的「英國性格」（Englishness）。保守黨議員肯尼斯・貝克（Kenneth Baker）在 1986 年擔任教育部長後，便決心推動一體適用的全國課綱，他在 1987 年保守黨政綱發表時宣布：「我們不能再讓老師、學校或地方政府自行決定孩子應該學什麼。」他也引用莎劇台詞來闡釋他的意圖：

「燧石之火必經撞擊而後生。

（the fire i' the flint shows not till it be struck.）

好學校與好老師的任務就是要找到燧石，激發火光。」

1988 年，教育改革法案（Education Reform Act）在國會通過。1989 年秋天，全國課綱開始施行，一開始英文科課綱的規定沒有那麼明確，只寫道：「應向學生介紹一些莎士比亞作品。」1993 年夏天，五百位學者聯名發表公開信，反對政府的文學教育政策，其中也包括 11 歲至 14 歲學生必修莎劇的規定。他們認為硬要學生讀死掉的白人男性作品是菁英主義的傲慢，時任首相的約翰・梅傑（John Major）在保守黨大會中則力挺課綱，主張這是強化國民道德品格的機會之窗。《觀察者報》（Observer）稱此次事件為「莎翁之役」（The Battle of the Bard）。

在多次關於莎翁的文化優越性爭論中，儘管教學現場的老師們覺得莎翁難教，多數仍勉力達成課綱的要求。有趣的是，2001 年，當學歷與課綱局（Qualifications and Curriculum Authority）建議將莎劇與其他文學作品從課綱中

刪除時，反而引來教學現場的強烈反彈，讓當局不得不放棄
這項提議。

最近一次變革則在 2013 年，時任英國教育大臣的保守
黨議員麥可·戈夫（Michael Gove）提出課綱改革，在英
文科的部份加重莎劇比例，要求 11 歲至 14 歲（Key Stage
3）學生至少研讀兩齣全本莎劇，不再像先前一樣可以只接
觸部分的著名段落或獨白。由於當時朝野的主戰場在歷史與
數學，英文科的改變並未引起太大反彈，僅有全國教師工會
（National Union of Teachers）主張這種設計「不切實際」、
「太過苛求」。

有趣的是，對於在學校教莎劇，更多反省的聲音來自於
莎士比亞迷。英國名演員海倫·米蘭（Helen Mirren）便曾在
受訪時表示：「我認為政府應該明令禁止十四、十五歲的小
孩『讀』莎劇，可以跟他們說莎劇是給大人看的，有點太刺
激。而他們第一次的莎劇體驗，應該要用『看』的，不管是
劇場或電影都好。」劇場導演馬克·鮑威爾（Mark Powell）
也投書《衛報》，他認為，莎士比亞寫劇本是為了維持生計，
他的觀眾多半是文盲，這些台詞是用來聽的，而非正襟危坐
拿來閱讀，捨棄表演，它很快就枯萎了。

從這些演變看來，教師並不質疑莎劇本身的價值，關鍵
在於怎麼教才能讓四百多年前的作品讓學生有感。有不少老
師主張，莎士比亞的用字、句構與背景都不是現在學生所熟
悉的，對缺乏文化資本或不同族裔的學生而言，若連基本閱
讀都有困難，又怎會有辦法推敲莎士比亞到底在表達什麼？

　　對此，支持者舉出南非黑人民運領袖曼德拉在獄中閱讀莎劇，饒舌歌手阿卡拉（Akala）用莎士比亞的語言來發展當代英國黑人文化，以及哈莉葉‧沃特（Harriet Walter）的全女角莎劇詮釋，這些例子在在顯示莎翁超過性別、階級與種族的價值。

　　如果閱讀有障礙，那莎劇用「看」的是否會更有趣？最能支持這個論點的，莫過於 1996 年巴茲‧魯曼（Baz Luhrman）的電影《羅密歐與茱麗葉》（Romeo + Juliet）。1998 年便有報告指出，此片大幅提升了學生的課業成績，根據統計，當年有 62% 的 14 歲學生選擇修習《羅密歐與茱麗葉》；也有老師說：「用這部片子上課時，連續三天完全沒人缺席。」倒是電影強烈的現代視覺效果不免造成一些副作用，讓學生在考卷中寫下「羅密歐從『魚缸』那頭瞥見茱麗葉」或是「羅密歐『射殺』了提柏特」等句子，腦補了不少原著中沒有的細節。以此電影為例，說明了莎劇中所描繪的人性與情感，是有可能歷久彌新，跨越時間與歷史脈絡的重重障礙。

　　儘管如此，為什麼多數學生還是對莎劇望而生畏？原因可能出於教法與看待莎士比亞的態度。若將莎士比亞當做不可質疑的英國文化守護者，由老師做權威性的解釋與分析後，再由學生被動吸收，普遍來說效果都差強人意。

　　曾參與演出多齣莎劇的影后茱蒂‧丹契（Judi Dench）便提過她在學校學《威尼斯商人》的糟糕經驗：老師隨機點一位學生朗誦六句台詞，再由下一個學生接手，念完以後再

行解釋。台詞不一定重頭開始，朗誦的學生為了念對單字根本不知道自己在念什麼，聽的學生也就直接放空，這種教學方式讓學生消化不良，教出來的結果則是讓一般學生以為「莎劇是給聰明人學的，我頭腦不夠好學不起來。」丹契表示這差點讓她一輩子不想碰莎劇。

　　這麼說來，學習經典還是要回到學生本身：要有意義地詮釋莎士比亞，讓他們發掘其中的主題與情感，探索角色的動機，以點燃心中的學習之火。莎士比亞如果能成為英國文化的根與養分，並非單純靠他的天才，而是透過有意識的保存、詮釋、反轉、吸納後，才形成一個巨大的文化有機體。在全國課綱裡指定閱讀全本莎劇，並希望此舉是傳承文化的一座橋，而非阻斷學習的一堵牆，或許需要比入課綱更多的努力。

——————————— 虞美人花 Poppy

從 2014 年 7 月起，慢慢插上陶瓷做的虞美人花，到了 11 月的國殤紀念日插滿八十多萬朵花，紀念每一位大英帝國在一戰中殞落的將士。在展期結束後，民眾可以以每朵 25 英鎊的價格收藏，隨即被搶購一空。Photography_Amanda Slater - Poppies at the Tower, CC BY 2.0

　　虞美人花（Corn poppy, *Papaver rhoeas*）又暱稱為 Poppy，常與罌粟花（Opium poppy, *Papaver somniferum*）混淆，有學者指出，這種混淆在文學上很可能是刻意的。早從荷馬史詩開始，特洛伊的海倫便用罌粟花的藥效麻痺將士的哀傷，因此有了戰爭的連結。十九世紀的浪漫主義更讓詩人運用虞美人花的外觀與罌粟花的藥效結合，成為詩中強烈的意象。

　　每年到了十月底，倫敦便處處可見人們在領口別上一朵小紅花，就連公車、地上鐵車廂，也會出現紅花裝飾，這樣的景況會一直持續到 11 月 11 日的國殤紀念日（Remembrance Day），這朵小紅花便是國殤虞美人花。主要由皇家英國退伍軍人協會（Royal British Legion）製作與販

售，以募款協助退伍後需要幫助的軍人，並表達追思之意。

運動場上也承襲了配戴虞美人花的傳統。長久以來，只要是十一月的英國足球賽，球員便會在身上配戴小紅花。2011 年，英格蘭隊與西班牙隊的世足友誼賽剛好在「國殤禮拜日」（Remembrance Sunday）的前一天舉行，英格蘭隊的足球員要求在身上別上小紅花，卻遭到國際足聯（FIFA）拒絕，理由是「球員身上不得有任何政治、宗教與商業訊息，以免危害足球的中立性」。

這件事引來英國方面的軒然大波，當時的運動大臣修伊·羅柏森（Hugh Robertson）、首相卡麥隆，甚至威廉王子都跳出來澄清小紅花沒有任何「政治」意涵。國際足聯最後終於讓步，讓球員在黑色臂帶上別上虞美人花。時隔五年，今年在國殤紀念日的世足資格賽中，國際足聯即將再次禁止英格蘭隊與蘇格蘭隊別上小紅花，同樣遭受英國各界的批評，主張國際足聯「過於拘泥規定字面上的意思」，希望能得到與先前一樣的待遇。

這項爭議凸顯了虞美人花背後曖昧的意涵，這朵小花真的僅僅只為了悼念戰爭中的陣亡將士嗎？佩戴這朵紅花的作法源於 1918 年，美國學者莫伊娜·麥可（Moina Michael）讀了麥克雷的詩後非常感動，當時她在 YMCA 海外戰爭秘書處工作，剛好要在紐約開年會，她拿薪水訂製了二十五朵絲製虞美人花送給與會者，也開始倡議要讓虞美人花成為美國國定的紀念象徵。

在她的努力下，兩年後的全美退伍軍人協會（National

American Legion）的大會終於遂其所願，當時與會的還有一位法國女士安娜・葛辛（Anna Guérin），她想到販售虞美人花可以為飽受戰爭摧殘的法國孩子募款，於是組織了流亡美國的法國寡婦製作上百萬朵虞美人花，消息傳到倫敦，皇家英國退伍軍人協會的創辦人道格拉斯・海格（Douglas Haig）也認為這是個好主意，於是在 1921 年秋，英國賣出了第一朵虞美人花。

　　在皇家退伍軍人協會的網站上，明確指出了虞美人花的意涵是「紀念與希望」，而絕非「支持戰爭」。然而，麥克雷的小詩第一段雖然傷感，最後一段卻鼓勵生者繼續戰鬥，不要辜負死者。真要說他詩中的虞美人花是厭棄戰爭、鼓吹和平，似乎有些矛盾。更諷刺的是，如果觀察皇家退伍軍人協會歷年的募款數字，會發現當英國參與國際衝突時，募款的數字就會忽然飆升，從二戰到福克蘭戰爭，從波灣戰爭到阿富汗與伊拉克侵略均是如此。當然，一個很合理的解釋是當身邊有親人朋友捲入戰事時，自然比較關心這訴求。但也有二戰老兵認為虞美人花的意義被「政治綁架」，從幾年前就拒絕配戴。

　　我們因此面臨一個艱難的問題：「有可能紀念死者而不美化戰爭嗎？」如果陣亡將士的死只是徒然，所有戰爭都是不義，我們還能夠繼續心安理得地配戴這朵鮮紅的小花嗎？來自北愛爾蘭的足球員詹姆斯・麥可連（James McClean）面對這個問題就有了不同的答案，他認為那些陣亡將士中，也包括在北愛衝突（The Troubles）中攻擊北愛爾蘭的英國官

兵，連黑暗的「血腥星期日」（Bloody Sunday）也算在內，因此拒絕在賽場中配戴任何有虞美人花的衣著飾品。然而，他也因此收到各種死亡威脅。

由此引發的另一個爭議是，配戴虞美人花似乎成了一種強制性的舉措。名主持人強·史諾（Jon Snow）稱之為「虞美人花法西斯主義」（Poppy Fascism）：越來越多人開始比誰比較早戴，比誰戴得比較華麗，如果公眾人物膽敢不戴就會遭到各種質疑，顯然失去了紀念的本意，更像是一種展演的姿態。

在這些不同觀點中，究竟該如何看待這朵小紅花背後的意義呢？

我還是比較喜歡用拉遠的視角來看。2014 年是一戰爆發百年，捲入戰事的各地都舉辦了盛大的紀念活動，倫敦也不例外。藝術家保羅·庫明斯（Paul Cummins）與設計師湯姆·派柏（Tom Piper）構思出在倫敦塔的大型公共藝術作品〈血漫荒原與紅色之海〉（Blood Swept Lands and Seas of Red），從七月起開始慢慢插上陶瓷做的虞美人花，到了十一月的國殤紀念日會插滿 888,264 朵，每朵都代表著一位大英帝國在一戰中隕落的將士。

那段時間內，我經過那邊好幾次，遙望漸漸長滿虞美人花的倫敦塔。看著不斷自拍與驚嘆的遊客，難免疑惑這不是應該要肅穆一點嗎？作品會不會把戰爭的殘酷轉化成太美的畫面了？隨之又覺得，如果有人因為看到作品而去發掘這段很難下嚥的歷史，或是找到個人與過去的連結，未嘗不是一

件美事。此外,這作品也具有募款功能,在展期結束後,民眾可以以每朵 25 英鎊的價格收藏,隨即被搶購一空。連時任倫敦市長的強森要求延長在倫敦塔的展期,以讓更多遊客可以觀賞,也被主辦單位以作品已接受預定而拒絕。別在外套上的一朵小小虞美人花,承載了太多文化意義,在悼念之外,我們又該如何記得這些歷史呢?

A ──────────── 英國脫歐記 Brexit

> 這群幸運的人民,這片小天地
> 這顆銀色海洋上的寶石
> 讓海洋築起高牆
> 或成為堡壘外的護城河
> 抵禦境遇較差土地上的覬覦
> 這片上天恩賜的沃野、這塊土地、這座王國,英格蘭
> ──莎士比亞《理查二世》第二幕,第一景

在《理查二世》中,病入膏肓的老臣岡特的約翰感嘆英格蘭徒有大好條件,卻被理查二世胡亂揮霍,變成一塊「便宜的農場」,這段引言往往成為英國(英格蘭)愛國主義的象徵,也屢次出現在脫歐爭議的評論中,但脫歐對英國來說代表了什麼,這恐怕還得回到歷史長河中重頭說起。

「歐盟」可說是二戰餘燼中誕生的產物。在人類史上受

過慘烈磨難的人，往往抱著「不讓歷史重演」的烏托邦理想，希望能在廢墟之上建立一個嶄新美好的世界。在伊恩・布魯瑪的《零年》（*Year Zero*）中，對歐盟誕生的歷史脈絡便多所著墨。

書中指出，英國作家西里・康納利主張只有團結的歐洲才能築起屏障，阻止另一場自毀的衝突。1944 年 12 月，他在《地平線》雜誌裡慷慨陳詞：「每場歐洲的戰爭都是歐洲的失敗。」不讓歷史重演意味著「歐洲聯邦並非名義上的聯邦，而是一個不需要護照的歐洲。是一個所有人想去哪裡就能去哪裡的文化實體。」邱吉爾雖同意他的看法，擁護「歐洲合眾國」，但前提是這個團結的歐洲必須由「英國、大英國協」和歐洲的「盟友和支持者」所組成。

另一種鼓吹歐洲聯合的觀點則是基於愛國主義，認為各國只有在歐洲聯合的條件下才能重振國威。法國政治經濟學家讓・莫奈是核心人物，他的統一夢並不侷限於法國，他表示自己終其一生都在把握「關鍵時刻」。莫奈告訴戴高樂，國家計畫是法國唯一能再現輝煌的辦法。頭一項工程便是將經濟國有化，把德國的煤礦交給法國工廠使用，從而實現法國現代化。接下來的計畫事關全歐洲，即煤鋼共同體，再接著是歐洲經濟共同體。按照莫奈的藍圖，最終將發展為聯合歐洲的宏圖大業。

伊恩・布魯瑪在介紹戰後規劃風潮專章的結語寫道，歐盟本身還是戰後規劃的主要里程碑，儘管萎靡殘破，如今依然聳立。1945 年，一統歐洲的崇高目標是多數人的信仰。

最重要的是，團結的歐洲將確保歐洲人不再自相殘殺。就這點來看，1945 年的理想主義還算有點收穫。

這本書於 2013 年出版，如今看來，可能要在「依然聳立」四個字上頭打個問號，若多年以後，歷史學家回頭看 2016 年，也許會說：「英國脫歐勢不可免，只是早晚的問題。」在歷史長河中，英國與歐洲大陸的關係一向藕斷絲連，錯綜複雜，這次也不例外，英國將重新界定自己與歐洲大陸的關係，而內部的分歧與矛盾也更形艱險。

在古老的英國史中，這座島嶼有很長一段時間都是歐陸的一部分，從一開始的羅馬帝國、卡努特王朝、征服者威廉，一路到金雀花王朝皆是如此。然而，兩大歷史事件改變了英歐關係。其一是十五世紀時，在聖女貞德的號召下，英國被趕出歐陸，此後英國對歐洲便抱持較為防衛的態度。隨著歐陸強權相繼崛起，最符合英國利益的外交政策是讓歐洲保持恐怖平衡，無暇算計英國。到了當代，柴契爾夫人口中的「歐洲超國家」，很自然指向歐盟，成為疑歐派的眾矢之的。

其二則是十七世紀大航海時代到來，英國成為全球貿易的核心，面向海洋，進而降低了對歐陸的依賴，這一點在首相梅伊最近的脫歐演講中展現無遺：「我們要利用這次機會成為全球化的英國。」對某些支持脫歐的英國人而言，歐洲單一市場竟是種阻礙。在雲深不知處的歐盟總部內，總有一批官僚正在阻礙英國的貿易機會。

由於脫歐的影響遍及生活的每個層面，各方專家紛紛用不同的歸類方式試圖理解這次歷史事件：有人認為是世代之

爭，有人則主張是城鄉差距，也有人說是全球化的反挫，這些分類與解釋都有待後續進一步的研究。但在煙硝之中，最明顯的兩大議題仍是移民問題與國會主權。

據統計，2015 年約有三百二十萬歐盟公民住在英國，大多數人的原因都是為了就業。但「過多的移民」造成人民的疑慮，「福利賊」（為了英國的福利而移民者）或「工資太便宜害我們失業」的聲音此起彼落；另外，「奪回控制權」的主張也應運而生，脫離歐盟可以阻止「失控的移民數量」，也可以擺脫「令人窒息的法令限制」，不讓「布魯塞爾那夥人」主導英國的漁獲配給或是輪胎法規。無論這些說法是否真確，我們的確從中看到了疑歐與保護主義的歷史陰影。

歷史的必然往往也出於偶然，如果沒有保守黨內部的異見，不會促使前首相卡麥隆貿然進行脫歐公投，也有政治評論者指出，如果不是工黨勢力薄弱、自由民主黨全滅，卡麥隆也不會進行這場政治豪賭，黯然下台。

脫歐公投或許像是潘朵拉的盒子，現在盒子已開，不確定的迷霧仍未消散，但文化、地域、政治、社會、世代的各種斷層持續擴大。銀色海洋上的寶石將何去何從，莎士比亞恐怕也沒有答案。

Ａ ——————— 火柴女工 Match Girls

1888 年，倫敦布萊恩與梅火柴工廠的女工策劃了好幾次罷工，最後終於成功。這次事件也暴露了資方日積月累的壓迫，終將引發燎原之火，1889 年的倫敦港口大罷工就是一個明證。
Photograpy_CC0

　　東倫敦（East End）在傳統上一直是貧窮的代名詞，根據十九世紀社會觀察家查爾斯・布斯（Charles Booth）的統計，當時約有 35% 的東倫敦人處於貧窮線下。在如此絕望的處境下，工人有口飯吃已是奢求，哪有什麼籌碼可以對抗體制，爭取對自己比較有利的工作條件呢？1888 年 4 月，恩格斯（Engels）在一封寫給友人的信中哀嘆：「再也沒有什麼別的地方，要比東倫敦人來得『更加放棄抵抗、消極地接受自己的命運。』」不過幾個月後，他將發現自己大錯特錯。

　　同年夏天，「火柴女工抗爭事件」點燃了倫敦勞資抗爭的火花。這些抗爭者非常特別，她們一無所有，真乃弱勢中的弱勢。她們是一群因為愛爾蘭馬鈴薯大饑荒，而流落倫敦的女性，目不識丁、一貧如洗，也沒有一技之長。當年維多

利亞的拘謹社會，最受不了的就是這種「不檢點的女人」，衣衫不整、酩酊大醉，成天只會尋釁生事。

　　東倫敦在傳統上一直是貧窮的代名詞，根據十九世紀社會觀察家查爾斯·布斯的統計，當時約有三成五的東倫敦人處於貧窮線下。其所著的《倫敦居民的生活與勞動》顯示，東倫敦舊尼可（Old Nichol）街區，顏色為黃色的街區富裕指數可歸類為「中上階層」；紅色為「中低階層」；粉紅色（淡紅色）為「尚且舒適」；藍色（淡藍色）為「普通」；深黑色區塊為「勞工、街頭販子、遊手好閒之人、罪犯」。

　　這群毫無籌碼的抗爭者無法加入工會，因為當時倫敦的工會多半由比較具有技術能力的男性主導——建築工人、木匠、印刷工人、鞋匠等等——沒有技術力的女性要是真的加入工會，恐怕只會拉低工會的薪資談判空間，她們因此被受冷淡對待。

　　話說從頭，雇用她們的工廠是「布萊恩與梅火柴工廠」（Bryant and May Matchmakers），老闆法蘭西斯·布萊恩（Francis Bryant）與威廉·梅（William May）是兩位虔誠的桂格教徒（Quakers）。桂格教徒由於其宗教情懷，在企業經營上往往不會完全以利潤為導向，也希望能「教化人心」，因此願意雇用這些「沒有人願意雇用的愛爾蘭女人」。當然，也有一種比較厚黑的說法是，這些女工比較便宜。布萊恩與梅火柴工廠本來進口瑞典的火柴，後來供不應求，索性自己開始在倫敦開工廠製造，在 1863 年政府的勞動檢查中，獲得「管理優良」的評語。

當時火柴的原料有兩種，企業普遍使用的「白磷」與成本較高的「紅磷」。白磷雖然便宜，卻是一種非常危險的材料，過度吸入會造成工人下顎壞死（phossy jaw）。據稱布萊恩與梅火柴工廠本來想要賣的是用紅磷製造的安全火柴，不過消費者並不領情，銷路慘澹，他們只好繼續販售白磷火柴，即使已經有不少國家明文禁止用白磷製造火柴。

安妮・貝森（Annie Besant）是一位積極參與各項抗爭活動的社會主義者，她在聽聞到東倫敦的女工慘況後，主動到火柴工廠門口等待下班的女工進行訪談，並將爆料實況發表在自己出版的刊物《連結》（Link）上。她報導女工一週工作東扣西扣後只能掙得四先令：「腳髒要扣錢，座位不整齊要扣錢，講話要扣錢，網子纏住機器要扣錢。」當女工辯解：「我得保住我的手指啊。」領班卻回答：「手指有什麼好說的，機器比較重要！」而另一位女工真的用手指換了機器後，也只是得到幾週的補償金，公司就此不聞不問。

貝森寄了一份報導給公司高層，獲得的回覆是：「一派胡言，法院見。」工廠領班則試圖逼迫女工，要她們表示工作狀況良好，而在女工們很有骨氣地拒絕了之後，管理階層於是決定開除幾個「帶頭作亂的壞份子」。但這麼做反而激起了更激烈的抵抗，所有的女工開始罷工，要求取消不合理的罰金制度，並且分隔工作與用餐地點（原本不在座位上用餐也會罰錢），避免她們的食物受到白磷污染。

一般人都認為貝森是這場成功抗爭的主導者，但事實上在貝森參與之前，這群火柴女工們就已經組織過多次沒有成

功的抗爭，組成緊密的網絡。七月八日，女工們舉辦遊行募款並尋求支持，並向國會遞上請願書，獲得了普遍的同情與支持。七月十三日，公司高層表示絕不妥協，並準備北上蘇格蘭的格拉斯哥雇用新員工，或是將整間工廠移往北歐。但事實證明這些放話不過是虛張聲勢，兩週後，公司在政府、消費者與勞方三方的壓力下退讓了，毫無籌碼的女工們獲得空前的勝利。

　　故事還有後話，後來一般人都認為貝森是這場成功抗爭的主導者：受過良好教育的中產階級社會主義者，用一支利筆改變了一群女工的命運，溫順的女工只能耐心等待領導者的來臨。但歷史學者露易絲·羅（Louise Raw）的研究發現，這並非實情。早在貝森報導之前，女工們就已經組織過多次沒有成功的抗爭，組成緊密的網絡，也才能迅速發動全面的罷工與遊行，貝森只是整個抗爭過程中的觸媒而已，更何況貝森本人主張運用消費者抵制，而非抗爭達成訴求。

　　勞資關係向來是道複雜難解的習題，近年來，有越來越多勞工慢慢學習到如何爭取自己的合理權益。但困難的是，「合理」的界線要怎麼拿捏？「對抗」的邏輯要走到什麼地步？相較於資本的籌碼，勞工擁有的武器並不多，靠的是自己的肉身，以及非常脆弱的「團結」，摸索出一種生存之道。

　　火柴女工的故事只是一個開端，日積月累的壓迫終將引發燎原之火，1889年的倫敦港口大罷工就是一個明證。

　　對資方而言，美國經濟學家傅利曼主張：「企業唯一的社會責任就是將其利潤極大化。」這句話引發了各方的激烈

討論，不過傅利曼到了晚年仍不改其志，認為不受政府干預的資本主義才是理想社會運作的基石，這樣的觀點在 2008 年全球金融風暴後，受到越來越嚴厲的挑戰。

誠然，支持者會說，企業又不是慈善事業，本來就是要賺錢才能經營下去，這跟颱風天就要去泛舟一樣自然。但真正的問題在於，企業賺錢的背後，必須付出哪些有形與無形的代價？即使無心成為一間良心企業，要怎樣才能避免成為人人喊打的黑心企業？這間維多利亞時期的火柴工廠，或許可以成為一個思考的起點。

棉條稅 Tampon Tax

有人可能覺得，買衛生棉是個需要拿紙袋掩護的私密行為，但如女性主義者所言：「個人就是政治。」你覺得呢？
Photography_Elisabeth Steger-Cropped version of Täschchen für Slipeinlagen und Tampons "Rosi", CC BY 2.0

英國女性生理用品領導品牌 Bodyform，日前推出一則打破傳統的新廣告——英國之先例，影片畫面中，強調衛生棉吸收力的液體，不是藍色，而是紅色的溶液；留著辮子頭的男性帥氣走進店裡，拿了一包衛生棉結了帳就走；接著是女

性淋浴時的畫面，紅色的水滴沿著大腿滴下，以及派對上，扮成衛生棉的來賓與眾人擁抱；二十秒的影片最後，打出的廣告詞說：「有月經很正常，真實呈現也很正常。」

根據新聞報導，Bodyform 希望挑戰生理期做為禁忌的社會常規，認為如果能讓更多人「看見」月經，它就更沒什麼好大驚小怪的。

事實上，這並不是該品牌第一次出來面對生理用品廣告中的迷思。2012 年，一位署名「理查」的網友，在 Bodyform 的臉書頁面留言，直言 Bodyform 騙很大。他說小時候看衛生棉廣告，覺得女生能夠每個月享受那些自由自在騎腳踏車、跳舞等活動，還有「藍色液體」跟「翅膀」，真是讓他好生羨慕。直到他交了女朋友，滿心期待「每個月的特殊日子」來臨，才知道曾經以為的一切都是謊言。

為了回應這則貼文，Bodyform 製作了一則廣告回應，誠心誠意地道歉。這則回應影片說明衛生棉廠商之所以要掩飾真相，是根據早年焦點團體的訪談結果，發現先前較為直白的廣告策略讓男性難以接受，不過這位理查兄戳破謊言，廠商也覺得是時候來說明白了。

且不論這則廣告究竟突破多少真相，它的確成功為品牌塑造了形象，廣告本身還得了獎項。卻也有人質疑，影片中的 CEO 根本沒這個人，其實是找來的演員，該不會一開始發文的理查也是安排好的吧？

無論是真是假，Bodyform 的廣告的確開始轉型，不再塑造經期無憂無慮的假象，後續還推出廣告，讓女性在影片

中受傷流血，儘管完全沒有提到月經或是衛生棉，片中倒是一語雙關地說：「流血不能阻止我們。」（No blood should hold us back.）

月經啊月經，全世界有一半人口都會在生命中經歷它，照理講，人類有月經應該很久了。只是在二十一世紀的今天，要大眾自在地面對它和理解它，似乎還有一段距離要走。它是眾多育齡女性身體運作的一部分，然而不得不說，如何度過這段日子，卻也與社會經濟文化等結構問題離不開。就拿相關用品的消費來說，除了拋棄式衛生棉之外、棉條、月亮杯、布衛生棉、甚至可直接承接經血的生理褲，呈現了現今生理用品消費市場的不同面貌。

除了拋棄式衛生棉之外、棉條、月亮杯、布衛生棉、甚至可直接承接經血的生理褲，呈現了現今生理用品消費市場的不同面貌。有些人可能覺得，買衛生棉是個需要拿紙袋掩護的私密行為，但如女性主義者所言，「個人就是政治。」（The private is political.）。2014 年，當時仍在倫敦大學金匠學院唸書的勞拉・寇禮頓（Laura Coryton）在英國的倡議網站 Change.org 提案，要求政府免除女性生理用品的增值稅，此提案獲得熱烈響應，也讓國會開始對棉條稅進行討論。

在英國，標準的增值稅稅率為百分之二十，視不同的商品以及服務，增值稅也有不同的稅率：例如書籍、嬰幼兒的衣物等，皆為零稅率。勞拉・寇禮頓認為，棉條應該與其他生活必需品一樣，適用零稅率，而非現行的百分之五。儘管這個提案很快地獲得幾位國會議員的支持，然而要讓棉條免

稅，也不是英國政府自己說了算，還牽涉到英國與歐盟間糾葛的關係。

當英國在 1970 年代加入歐盟，女性衛生用品並未列入零稅率的項目中，而加入之後，英國不能獨自決定新增零稅率的商品項目，必須要歐盟所有會員國同意。寇禮頓認為，加入歐盟當時，以男性為主的國會沒把女性生理用品當成「生活必需品」，但在 21 世紀，這樣的想法不僅過時，還很危險，是時候來作出改變了。

經過一番協商（外加因脫歐而起的各種複雜因素），英國將在 2018 年四月正式免除棉條稅，原倡議者寇禮頓還創了網站，倒數向棉條稅說再見的時間。經過一番協商、外加因脫歐而起的各種複雜因素，英國在 2018 年 4 月正式免除棉條稅。即便反應熱烈，仍舊有記者覺得為了每人一年付不到一鎊的 VAT 稅金，大張旗鼓地反對搞倡議，實在蠢到不行；而這樣的言論，也毫不意外地在網路上引來硝煙四射。從英國超市、藥妝店的價格看來，一包日用型衛生棉 14 片裝不到兩英鎊（合台幣一片四塊多），若有特價還可以更便宜。這樣算起來，也許每包的百分之五增值稅並不多，但根據報導，一年政府收取的總金額可達 1200 萬英鎊，而在棉條稅正式免除前，這筆稅收則提供給近 70 個相關慈善團體使用。

即便生理用品看似不貴，「月經貧窮」（period poverty）仍在英國發生。2018 年 3 月，媒體揭露，在英國里茲有青少女無法負擔拋棄式生理用品，有的拿襪子替代，有的用衛生紙墊，真沒辦法，只好月經來時便向學校請假，被

迫缺課。經由學校向慈善團體「Freedom4Girls」求助後，相關的協助隨之啓動。

　　例如之前提到的廠商 Bodyform 便宣布到 2020 年為止，將捐贈二十萬包衛生棉，提供給慈善團體發放給有需要卻又無法負擔的女性。英國的連鎖超市特易購（Tesco）、等玫瑰（Waitrose）、莫里森（Morrison's）則在今年先後宣布女性生理用品價格將調降百分之五，意即由零售商本身來吸收尚未免除的棉條稅。

　　這些來自慈善團體、零售商、衛生棉製造商的回應固然正面，然而媒體上亦有不同的聲音，認為發放免費的衛生棉並非治本之道。「月經貧窮」的問題冰凍三尺非一日之寒，要解決還必須從教育著手。在學校提供免費的生理用品給需要的學生之時，應該還要教導關於月經的種種知識；更不應該讓廠商打著善盡社會責任之名到學校教學生使用衛生棉，實際上卻是行銷自家產品。

　　隨著性別教育成為必修課，也有倡議者認為除了市面上的拋棄式生理用品之外，還應該讓孩子認識並選擇對環境友善、可再用的生理用品。同時，也有提議說，月經不只是女生們的事情，在學校上相關課程時男生也應該一起聽，才能對其有所認識。

　　畢竟，如果網友理查可以早在中學時就認識月經，也就不會到頭來被衛生棉廣告騙很大了，對吧？

尿布外交 Nappy Diplomacy

神秘寶寶盒開箱！裡面有新生兒所需的東西，尿布、衣服等，是不是很貼心呢？
Photography_Miika Niemel from Helsinki, Finland - Cropped & saved as JPEG from 5.3.2009 Baby clothes, CC BY-SA 2.0

　　最近有個有趣的新聞——在芬蘭行之有年，提供給孕婦的社會福利「寶寶盒」，在世界上其他地方成為話題。有的是創業家看準商機，讓準爸媽可以訂購一盒郵寄到府；有的是政府打算見賢思齊，例如蘇格蘭政府便宣布從 2017 年起，讓產婦獲贈一只寶寶盒。此盒子堅固耐用，剛出生的寶寶還可睡在裡面，裡頭的物品則包括嬰兒服、尿布等必需品，讓爸媽不用為了購物傷腦筋。

　　雖然這政策在芬蘭推行已久，不過就我觀察，真正聲名

大噪，其實是因為喬治王子出生前，芬蘭政府送了一盒給英國王室的緣故。 經由媒體披露、追蹤這背後的立意，也讓芬蘭寶寶盒一炮而紅。這份禮物不但讓芬蘭政府做到外交禮儀，也展現了令人驕傲的社會文化。誰曉得尿布奶嘴們，也可以做外交？

不過真正厲害的「尿布外交」還真是得歸功於未出生就吸引全球矚目的喬治王子本人。全名為「喬治・亞歷山大・路易」的小王子，生於 2013 年 7 月 22 日，一個炎熱的夏日。各國媒體早早自 7 月初便在聖瑪麗醫院外架好攝影機跟梯子，為的就是要捕捉皇室嬰兒出生的相關新聞。

儘管歐洲其他王室不乏漂亮可愛的小王子小公主，這位英國王室的繼承人、已故黛安娜王妃的第一位孫兒，受到的關注依舊無人能及。無論是他出院時所使用的嬰兒包巾、汽車座椅，都成為明星商品，如同母親劍橋公爵夫人為時尚界帶來的「凱特效應」，她身穿的服飾一曝光，往往造成搶購風潮，喬治和夏綠蒂亦成為英國製造的最佳品牌代言人。

在皇室的刻意安排下，小王子的公開活動並不多，多半只在重要場合，才統一發布照片。而這些照片往往攻佔媒體版面和社群媒體，無遠弗屆。儘管如無意外，喬治王子有朝一日將成為國王，現在的他仍舊是個三歲小孩；正因如此，在嚴肅的外交場合、儀禮慶典中，看到他與其他小孩無異的舉止反應，往往讓這些活動更顯得有趣，或許還增添了出乎大人意料外的驚喜。

2016 年 4 月，喬治王子在肯辛頓宮與訪英的歐巴馬總統

會面，根據報導，王子被允許「晚十五分鐘」上床睡覺，好讓他可以親自向歐巴馬總統致意，謝謝歐巴馬在他出生時所送的木馬。照片中，王子穿著睡袍，一副就是快上床睡覺的打扮，還被歐巴馬拿來作為白宮記者晚宴上自嘲的材料：

　　「某些外國領導者早已往前看，期待我任期結束，上週喬治王子穿睡袍出席我們的會面，真是一巴掌狠狠打在我臉上，明顯違反禮儀。」

　　又如同年九月底他和父母、妹妹夏綠蒂公主出訪加拿大，面對加國總理杜魯多蹲下來想跟他擊掌，小喬治出乎意料地彆扭搖頭，不管是擊掌或握手都不肯，顯然有點不給面子。倒也有細心的媒體發現小王子剛下飛機就打呵欠，解圍說喬治的冷淡應該是時差導致，不是刻意冷淡。

　　雖然小孩子的反應經常無法預料，不過有小王子和小公主出席的場合，亦是經過事先縝密的安排和規劃。例如喬治王子兩年前，未滿一歲即出訪澳洲及紐西蘭，首次安排的官方活動，即是精心挑選出生日期和他相差不遠、來自紐西蘭當地各種家庭背景的十名寶寶們聚會（playdate）。即使是世界上許多小朋友都有過的聚會形式，在外交場合中的設想依舊得處處考量。這十個家庭反映了紐西蘭的文化背景，還包括領養孩子的同性戀家庭，以及當地的毛利族家庭。

　　又如他在雪梨的塔龍加動物園與一隻也叫喬治的兔耳袋狸屬（Bilby）相見歡，初次見面就想要抓住牠的喬治王子，更讓這瀕臨絕種、受到威脅的動物吸引全世界的目光。如此安排，讓他的高人氣成功地為兔耳袋狸屬的保護工作加持。

帶著年紀這麼小的孩子長途飛行，對任何父母都是挑戰，更何況是兩位未來國王同行。一般來說，王位繼承人很少一起旅行，想這麼做，必須得到女王同意。這也並非第一次有王位繼承人跟著爸媽進行尿布外交，早在 1983 年，十個月大的威廉王子，便曾伴隨著查爾斯王子和戴安娜王妃出訪，還在眾媒體面前表演爬行、玩著紐西蘭著名的玩具 buzzy bee。

蹬著胖胖小腿的威廉在毯子上爬行及玩玩具的照片，上了全球報紙的頭版。選擇帶著威廉出訪，查爾斯和戴安娜彰顯了對於養育王室下一代的不同做法，有別於讓保姆或監護人擔起大部分的照護工作，親手照護孩子更顯示出打破宮廷傳統、注重親自實踐的教養風格。

根據歷史學家哈瑞絲（Carolyn Harris）的考據，英國王室帶著下一代進行長程出訪，其實是相當晚近的事情。中世紀時的國王及王后若巡視領土，孩子們通常會托付給信賴的貴族們照料。即使維多利亞女王曾帶著兒女出訪，也多在歐洲地區。在十九世紀以降，大英帝國的版圖擴張，若是國王及王后進行出訪，年幼的小孩也常被留在家中，一分離就是數個月之久。在伊莉莎白女王二世還是嬰兒時，他的父母喬治六世夫婦，也曾因為訪問紐澳與她分開六個月。

想來也因為旅行工具的進化，讓這些小王子公主們的隨行變得可能。至於帶著兒女旅行為什麼如此重要？難道王室沒有其他人可以出門做外交了嗎？史學家哈瑞絲認為這有助於拉近王室成員與一般人的距離，無論背景為何，地主國的國民都能夠有機會連結自己與王室成員，成為重要的人生經

驗：「我還是嬰兒時曾跟喬治參加同一場遊戲聚會！」

　　這與目前各國所致力的公眾外交（public diplomacy）相同，強調與一般大眾溝通，利用媒體傳播創造影響。與他的父親相比，喬治生長在手機、社群媒體、網路蓬勃發展的時代，各種照片影片以前所未有的速度散播，英國王室也從善如流，不僅有自己的影音頻道，更頻繁更新、經營各個社群媒體帳號。沒機會見到王子本人？沒關係，Youtube 上早有粉絲上傳影片，可以盡情重播，還可追蹤最新訊息。

　　除了萌翻全世界之外，小王子、小公主的現身，也代表了王室的未來。伊莉莎白女王二世、查爾斯王子年歲漸長，帶著下一代現身，也展現了王位的傳承和活力。這對英國經營與大英國協成員國的關係更顯重要。包括英國、澳洲、紐西蘭、加拿大在內，大英國協中有十六個成員國以女王為國家元首。然而尤其在澳洲及加拿大，成為共和國、直接民選國家元首的呼聲經常出現，也象徵著對於該國國民而言，以英國國王為尊的現狀未必是不變的必然。

　　對於延續王室體制而言，得到民意支持，亦也需要長期經營和努力。雖不知等到喬治成年、即位時，他所面臨的英國、甚至是世界局勢將是如何，不過在這當下，看著這位自出生時命運就註定與他人不同的小男孩，現在還夠享受無憂無慮的童趣和天真，仍然是件令人開心的事。

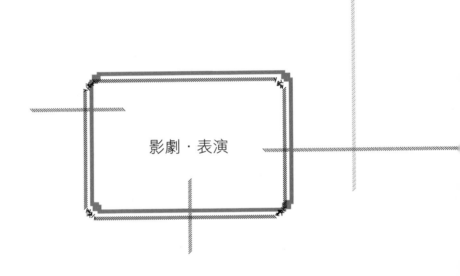

影劇・表演

Ⓐ ———— 打造新世紀福爾摩斯
Sherlock Origin

　　影集《新世紀福爾摩斯》大紅之後，總有人會想知道事情是怎麼開始的，在我看來，說這影集是以熊熊的愛火支撐也不為過，不只是觀眾的愛，更有整個製作團隊的愛。

　　事情是這樣開始的：《超時空奇俠》（Dr. Who）的編劇莫法特（Steven Moffat）與蓋提斯（Mark Gatiss）因為影集工作關係，常相偕坐火車往返卡地夫與倫敦，聊天時總會聊到他們有多愛福爾摩斯。瘋狂的程度據馬丁同學（Martin Freeman）的說法是可以倒背如流。他們總會說自己最愛的改編版本（1940 年代 Rathbone 的福爾摩斯抗納粹），又講到這年代應該要有人再改編一次。

　　蓋提斯講到當年發生的阿富汗戰爭，心裡想一百年前華生也是從同一個戰場回來，何不做一個摩登版的改編，這意味著如果要做，他們的版本不會「忠於原著」，重建維多利亞時期的倫敦，而是以角色為主軸，想像出福爾摩斯的當代模樣，不過想歸想，當時還沒有真的要做。

　　這時候，如果老婆是製作人也挺好的，莫法特的的老婆薇圖（Sue Virtue）鼓勵他們，既然要做，就趁別人還沒做的時候自己做吧，況且是自己愛成那樣的東西，如果被別人做差了不是挺扼腕的，於是他們就開始籌劃整個影集。

　　先找了幾個圓臉的影星來試鏡，不過味道不對，福爾摩斯的形象似乎就是既修長又有稜有角。薇圖想到《贖罪》

（*Atonement*）裡的康柏拜區（Benedict Cumberbatch）很適合演福爾摩斯（雖然我完全沒辦法想像她到底是怎麼想到的，因為康柏拜區在這部電影中的角色跟福爾摩斯的人設差超多的）。

被問到為何康柏拜區適合時，蓋提斯的答案超不正經。他先說康柏拜區拿了裝滿錢的信封袋賄賂他們，接著又說因為很少人的名字可以比夏洛克·福爾摩斯聽起來更好笑，班奈迪克·康柏拜區顯然符合這個標準。

決定了福爾摩斯人選之後，選華生的重點在於兩人之間要有「火花」。福里曼（Martin Freeman）第一次去試鏡前錢包被A走，所以整個過程有點魂不守舍，但即使如此，還是跟康柏拜區展現了絕妙的默契。製作人隨後打給他的經紀人，說福里曼看來似乎沒有特別想要這個角色，要不是福里曼跟經紀人強烈表達全力爭取的意願，現在的華生說不定會是別人。

總之，原本的計畫是拍六集一小時的迷你影集，不過BBC高層看完試拍後龍心大悅，決定加碼成三季，每集90分鐘，原本的試拍被放在第一季的DVD裡，可以看到跟現在的第一集有很大的差別。

劇組裡每個人都對於影集獲得巨大的商業成功相當驚訝，莫法特甚至直白地說：「我們自己當然很喜歡，也預期會有一些福爾摩斯宅喜歡，但這種瘋狂的成功是我們始料未及的。」也有人擔心康柏拜區與福里曼紅了之後就會因為別的片約而放棄影集。蓋提斯說：「他們也是因為喜歡才百忙

之中擠出時間拍的，所以我們壓力更大，一旦劇本不夠吸引他們，他們根本沒有留下來演的理由。」

在我看來，太初之時有愛，所以才有了新世紀福爾摩斯。

A ——— 貝克街 221 號 B 座
221B Baker Street

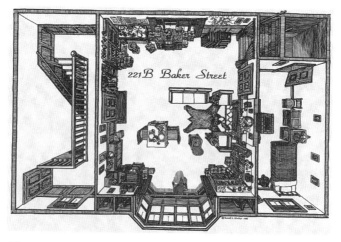

當代藝術家 Russ Stutler 畫出想像中的貝克街的內部陳設圖。Drawing_Russ Stutler - 221B Baker Street, CC BY 2.0

柯南道爾在構思福爾摩斯故事時是位眼科醫師，在上文波街二號（Upper Wimpole Street），離貝克街走路十分鐘的地方開業，據說生意不甚好，有大把時間做白日夢，想出了這個舉世聞名的偵探，先前倫敦博物館的福爾摩斯專展就叫做「不曾活過，也不會死去的男人」，而他住的貝克街 221

號之 B 也成為全世界最出名的地址之一。

在柯南道爾的年代，貝克街沒有那麼長，也未編到 221 號，大概是不想困擾到真實住戶，他描述的那個位置當時是「上貝克街」（Upper Baker Street），不過也有其他的「福學專家」表示，正確位置仍有疑義，在此不贅。

到了 1930 年代，街道號碼重編，有間「艾比建房合作社」（Abbey National Building Society）佔據了貝克街 215-229，於是各地粉絲寫到 221B 的信件就會寄到公司去，公司也從善如流，聘用專職秘書處理回覆這些信件。在 1999 年，他們甚至還出資贊助福爾摩斯銅像，也就是目前貝克街地鐵站外的那尊。

1990 年，福爾摩斯博物館開幕，其原本的住址應是 239 號（介於 237 與 241 之間），不過因為整個屋況與柯南道爾書中描述極為吻合，諸如喬治時期建築、上樓有十七階、書房正對貝克街等等，地方政府便將 221B 的號碼給了博物館。這引發了艾比建房合作社的不滿，展開長達十數年的爭執，主要是到底郵差要把信送到哪邊，到了 2005 年公司搬走後才結束了這場漫長的爭議。

近年來隨著 BBC 影集《新世紀福爾摩斯》爆紅，貝克街也成了影迷朝聖的地點，不過因為劇組的實際考量，拍攝的實際地點是在附近的北高爾街（187 North Gower Street），也只有在那邊才找得照劇中樓下出現的史皮迪咖啡館（Speedy Cafe），據說該店目前開發各式相關菜單，我們還沒去吃過。

　　昨天看到另一則有趣新聞，是有人在懷疑貝克街221B實際擁有者，可能是中亞小國哈薩克斯坦某腐敗官員，並探討倫敦房市是否成為洗錢天堂，我想這可能需要福爾摩斯出馬，才能一舉破獲這綿密的國際犯罪網絡吧。

　　只不過一個地址就有那麼多虛構與真實的層層交織，也許正是這個城市的迷人之處。

A —— 福式推理 The Science of Deduction

貝克街上的福爾摩斯博物館，會客室一景。Photography_ FA2010 - Sherlock Holmes Museum, Baker Street, London, Sitting Room, PD

　　新世紀福爾摩斯的一大賣點是所謂的「福式推理」，夏洛克同學自稱為「演繹的科學」（The Science of

Deduction）。BBC 特別做了一個偽網站，記錄夏洛克同學各種宅研究，還有在影集裡提到過（比方說發光的兔子就出現在第二季第二集中）。網站首頁說明他的手法：

1. 我觀察一切。

2. 我從觀察中演繹出一切。

3. 把不可能的刪去以後，剩下的假設不管多誇張，一定就是真相。

如果對知識論或邏輯稍有涉獵，可能會覺得這種說法怪怪的。原因在於嚴格意義的演繹（deduction）通常不會有第一步，也不會有第三步。標準的演繹如果前提為真，結論就必然為真。比方說：所有人都會死，夏洛克是人，所以夏洛克會死。除非不是所有人都會死，或者夏洛克不是人，不然「夏洛克會死」的推論絕對不會錯。

夏洛克用的方法，比較像是「引理」（abduction），也稱為「最佳解釋推論」（inference to the best explanation），很粗略地說，眾多假設中，最能解釋事態的假設即為真。但這種推理的問題是即使前提皆為真，結論也未必為真。他在劇集中的幾次失手，除了放感情之外，就是因為這樣的福X並不會像數學證明題一樣，證出來以後就斷無疑義。

原作者柯南道爾的寫作靈感來自他的老師喬瑟夫貝爾。貝爾是愛丁堡大學醫學院的內科醫生，他認為當醫生一定要觀察入微，才能對症下藥。有次有名病患走進來，貝爾看了他一眼就說：「你先前是軍人吧？」「是的。」

「還沒有退伍很久？」「是的。」

「高地軍團？」「是的。」「是軍官？」「是的。」

「駐紮在巴貝多？」「是的。」

貝爾對底下驚奇的學生說：「他是位紳士但沒有脫帽，軍中禮儀是這樣，但如果退伍夠久就會知道平民的習慣；他有股威嚴的氣勢而且顯然是蘇格蘭人；至於巴貝多，他主訴象皮病，好發於西印度群島，而高地軍團目前在那邊的駐紮地只有巴貝多。」

看的人覺得很過癮，但仔細想，中間有非常多的假設與推論需要填補。《新世紀福爾摩斯》的編劇就曾被問道：「你們是怎麼寫出那些推理的？」他們說：「小說可以留下比較多的想像空間，柯南道爾有時候掰不下去就含混帶過，做影集沒有這種奢侈，幾乎一切細節都要有合理的交代，真的很困難。」（比方說夏洛克跳下去為什麼沒有死？）

又有人接著問：「那這種推理對現實生活有沒有幫助？」他們的回答讓我印象深刻：「我們也很希望看著別人的手機就可以推理出一大串私事，可是現實世界沒那麼簡單，我們曾經嘗試過進行幾次『福式推理』，不過沒有那麼順利。事實上，我們編劇時都是先有了結論，才開始編前面的推理，這樣比較容易一點。」

或許這也說明了一件事：在現實世界進行因果關係推論時，我們往往過度線性而樂觀，現實世界的因果混沌難解，如果一直抱持「只要 A，就可以 B，然後 C」的信心，才是問題一直存在的癥結吧。

康柏拜區的舞台人生 ─────────
Cumberbatch on Stage

許多剛起步的年輕演員在學校時便尋找小劇場、受補助劇場的演出機會，另一方面
也嘗試電視演出，在這樣的環境下，英國出了不少演技派的演員。Photography_Tomi
Lattu - Barbican Centre, CC BY 2.0

　　一個不知真假的笑話是這麼說的：傳說班奈迪克‧康柏拜區在出道前，曾想過比照他父親提摩西‧卡爾頓（Timothy Carlton）另起藝名，叫做班康柏（Ben Cumber），但這個主意隨即被否決，因為這樣一來，在劇場內被下指令時，口令會喊成：「Cue！康柏！」（Cue Cumber! 音同 cucumber，小黃瓜）。這故事聽起來，倒有典型冷颼颼的英式幽默。若為真，只能慶幸如今大紅大紫的康柏拜區當初沒這麼做。

　　或許是血液中就有著戲劇基因，父母都是演員的康柏拜區，初試啼聲的劇場演出是在哈洛公學演出莎士比亞的《仲夏夜之夢》。雖然畢業貴族公學，康柏拜區並未選擇牛津劍橋就讀，經過在印度大吉嶺附近的藏傳僧院教英文的一年後，

到曼徹斯特大學攻讀戲劇，之後到著名的倫敦音樂與戲劇藝術學院接受訓練。

《新世紀福爾摩斯》的編劇莫法特（Steven Moffat）曾說，康柏拜區絕對不可能演一個平凡人。從幾個讓他備受矚目的作品來看，此言不假。不光是電影中的福爾摩斯或艾倫‧圖靈，康柏拜區在戲劇中挑戰的也常是多重、複雜、內心糾結的角色，又因正是如此，才讓觀眾看得格外津津有味。

自 2001 年起，康柏拜區便漸漸在倫敦演出戲劇作品，從受補助劇院開始，如國家劇院、皇家宮廷劇院、阿爾美達劇院等，都是他曾合作的場館。2005 年，他演出易卜生的《海姐蓋博》中，主角海姐的丈夫喬治‧泰斯曼，此劇後來轉往西區商業劇場演出，也成為康柏拜區在西區劇場的初試啼聲。

打開康柏拜區的劇場履歷，只見他挑戰的角色越來越多樣化。2007 年，他在皇家宮廷劇院演出瑞典劇作家費雪（Max Frisch）的作品《縱火者》，康柏拜區飾演被一位不速之客，在劇中瘋瘋嬉鬧，最後真的把主人的房子給燒了，這個角色外表看似瘋癲，其實心機算盡、佈局犯罪。印象中，這齣戲票房不佳，劇院還提供免費票給相關系所學生登記索取。對比《哈姆雷特》的搶票盛況，忽然覺得康柏拜區的大紅大紫看似迅速，其實是誠誠懇懇、一步一腳印往上爬。

在 2011 年，由丹尼‧鮑伊執導、康柏拜區和強尼‧李‧米勒輪替演出的《科學怪人》，由尼克‧迪爾（Nick Dear）根據瑪麗‧雪萊的小說改編此劇。一開場，怪物從破膜而出，如同人類自子宮中產出，給予觀眾瞬時的震撼。此戲足足考

驗兩位男主角的演技，更別提在演員身上黏啊貼的各種化妝，才能把兩位人模人樣的男主角輪流變成怪物。隔年的奧利維耶獎將最佳男主角同時頒給了康柏拜區和強尼・李・米勒，亦是實至名歸。

可能是人紅是非多，康柏拜區的出身、曾上過貴族公學的背景，常被拿來做文章，討論是否今日英國戲劇圈已逐漸精英化。相對這些公學男孩而言，勞工階級的孩子能否同樣有出頭天？私立公學重視人文精神、著重莎翁作品的傳授，校內提供資源讓學生有登台演出的機會，想來是培養演員的一方沃土。只是，如何讓資源能有效分配，不讓天賦埋沒，是藝術教育和文化政策重要問題。

另一方面，康柏拜區橫跨舞台、大銀幕、電視、電視劇的多重發展，也是英國演員發展的又一例證。現場演出考驗體力記憶力，外加無法重來的臨場感，對演員來說都是考驗。但是顯然不少演員皆樂此不疲，許多剛起步的年輕演員在學校時便尋找小劇場、受補助劇場的演出機會，另一方面也嘗試電視演出。看戲時打開節目單，類似的履歷比比皆是。

尤其莎翁留下的豐厚遺產，也讓英國演員們詮釋角色時更加深刻。捷豹跑車 2014 年度的廣告，更大剌剌地提問：「你發現了嗎？在好萊塢電影裡反派的，都是英國演員。」咯咯大笑之餘，想來這話似乎以偏概全，但還真有幾分真，不得不佩服這些硬派的英國演員。

2015 年，班奈迪克・康柏拜區在倫敦巴比肯中心主演莎翁著名悲劇《哈姆雷特》。《哈姆雷特》由曾以《中美共同體》

獲奧利維耶獎的透納（Lyndsey Turner）導演，編舞家西迪・拉比（Sidi Larbi）擔任動作指導。早在一年之前，預售票便以英國史上最快的速度銷售一空，不少粉絲專程飛一趟倫敦，就為了一賭「卷福」本人在他們眼前登台。

雖然預售票早早賣光，仍保留一定數量的十鎊票提供給觀眾。首場演出前，有觀眾在劇場外排了十七個小時，只為了購買每日限量三十張的當日票。除此之外，還有提供給學生的教育專場，以及可在電影院欣賞的 NT Live 轉播，嘉惠無法前往倫敦的觀眾。

此次演出，依照英國劇場推出新作品的慣例，先預演（preview）數場後，才正式開幕。新作品在預演場演出時，還不是最終的定案，預演的設計允許讓劇組、導演和演員在觀眾面前演出，測試觀眾反應和效果，也可藉此發現排練時疏忽的細節，再做修正。票券的價格通常相對便宜，對於有興趣看劇作如何發展的觀眾而言，不失為好選擇，可以多看幾次，比較不同安排帶來的感受。雖然預演亦為售票演出，往往是到媒體之夜的正式公演，劇評和記者才會受邀觀賞，給予評價。自 1968 年來，西區劇場的售票預演逐漸成為慣例，讓劇團可以安全地在觀眾面前試錯、劇評和劇團間也有君子協議；而既然在媒體之夜前，作品都還有可能修改，劇評也就不會在預演期給予評價。

剛開始預演，英國的《每日郵報》、《泰晤士報》便搶著派記者前去觀賞、評論，甚至搶在劇團公佈劇照前，便刊登演出照片。此舉違背了媒體與劇團間的默契、引發譁然。

此間爭議尚未有定論，某晚預演場後，班奈迪克康柏拜區走出劇院，向等候多時的戲迷請求代他在社群媒體上呼籲：不要在劇場中拍照、錄影；並說此狀況十分嚴重，從台上便可看到電子用品的紅外線，對演員是種干擾。這段影片迅速地從社群媒體上轉到傳統媒體網站，又透過臉書和推特再度分享，資訊傳播的速度可見一斑。

因為偶像魅力，讓不曾駐足劇場的觀眾，為追星而踏入劇院，藉此接觸莎士比亞，聽來自是好事一椿；只是在這人手一機，「我拍故我在」的數位時代，如何讓觀眾甘心關機離線、沉浸在看戲的當下，不讓惱人的螢幕亮光或紅外線破壞演出，確實不易。「生存還是毀滅，這是個值得考慮的問題。」在這位優柔寡斷的丹麥王子獨白之餘，或許也提供了契機，思考新媒體時代的劇場傳播、公共關係、觀眾開發：怎麼做？如何做？這是個值得思考的問題。

服務員：前台音樂劇 ⓦ
USHERS: The Front of House Musical

走進劇場看戲，你第一個見到的人是誰？

不是讓你慕名而來的大明星，更不會是藏身後台的技術人員，往往，一邊收票一邊指引座位的前台人員，是觀眾進入劇場時，所見到的第一張臉。可除了收票根、帶位之外，這些服務員還肩負維護安全、緊急應變，和讓演出順利進行的重要任務，他們的名字不見得會列在節目單上，也無怪乎

曾有奧利佛獎得主，在得獎感言中，特別感謝劇院這些無名英雄們。

在倫敦查令十字小劇場演出的《服務員——前台音樂劇》（Ushers: The Front of House Musical），則用一整齣戲的時間，讓觀眾好好地認識前台人員在「歡迎光臨」和「晚安再見」之間的忙碌工作和青春心事。首輪演出時，開演時間還安排在晚上十點半，讓人不僅莞爾：這真像是西區演出散場後的前台娛樂。同時，這個演出時間也恰好成為夜店咖進場前的小消遣。就小型音樂劇而言，《服務員》的題材頗有創意，也難得成為小劇場演出可以迅速加演的作品。

走進車站下的小劇場，一如往常地向收票員遞上票券，迎來專業的笑容，以及一句「看戲愉快！」。收票、帶位、賣節目單、衣帽間的服務人員各司其職，轉眼間開演時間已到，差不多是領位員準備進到觀眾席內待命的時候了。誰知方才的收票員結束工作，不約而同合唱起來，歡迎觀眾入座，準備開眼。他們把剛剛口中重複多次的「歡迎光臨」、「第五排往前走」、「請沿走道往上」唱成歌曲，最後還不忘兇巴巴地提醒觀眾：「不要照相！」，這可是讓觀眾笑開了嘴。

頓時間，劇場化身為西區劇院王朝的舵主「安德魯洛伊麥金塔」集團旗下四十七間劇院之一，又是尋常一日，上演小甜甜布蘭妮的最新音樂劇「糟糕，我又搞砸了」（Oops I Did It Again The Musical）。這晚，新來的領位員露西加入原本的前台團隊，遇上帥氣的史蒂芬，頓時電光石火，兩人心頭小鹿亂撞；而兩位領位員班和蓋瑞本是一對，蓋瑞在倫敦

邊做前台工作，然而，他念茲在茲的，卻是希望能在試演中脫穎而出、在倫敦找到登台機會，誰知機會出現在奧地利，班和蓋瑞因為可能的分離而有不快。即便夥伴間和樂融融，這幾位主人翁還是想找機會離開前台，一飛沖天，成為明星。在準備觀眾入場前的工作時，他們還在歌曲中描述劇場中形形色色的各國觀眾：美國觀眾習慣百老匯免費發放的節目冊，看到英國這邊要價一本四英鎊驚訝不已；還有來自歐洲的觀眾，帶著口音問：「你們收歐元嗎？」

除了這幾位小螺絲釘，還有討人厭的劇院經理羅賓，羅賓滿腦子想著如何衝刺節目單、冰淇淋和飲料的銷售量，更為了想要早日升遷而想找機會拍拍「安德魯洛伊麥金塔」的馬屁，力行鐵血領導的的羅賓，則把愛追星的蘿西看成眼中釘，巴不得抓到小辮子開除她。台上小甜甜布蘭妮演得起勁，台下的「抓馬」也從沒聽過。

即使心情沈重，這幾位服務員還是認真地把前台工作做得一一到位：羅西帶著新來的露西走進觀眾席，教她用手電筒照著座椅間的縫隙和地板，檢查有無觀眾的遺失物或是垃圾，同時閒聊著彼此對未來的嚮往，以及懷抱夢想，卻只能在劇院賣冰淇淋的無奈。一會兒，中場休息就到了，大夥兒也得忙著準備觀眾預購的各種飲料，在櫃檯前擺好，讓觀眾一步出觀眾席就隨手可得。

演出長度不長的音樂劇，主要以歌曲作為敘事的方式。這些領位員一邊工作一邊分享心事，但整體而言，故事相當輕鬆愉快，詼諧笑鬧，穿插羅西示範劈腿卻怎麼也劈不下去，

或是服務員搞笑示範用長柄夾子拾起座位上觀眾留下的物品、垃圾。作曲的安排，也給音域和聲音訓練各異的幾位演員充分發揮的機會，尤以劇院經理羅賓神來一筆的歌劇演出，最令人驚豔。故事最後，露西才透露自己其實是「安德魯洛伊麥金塔」的女兒，透過她的臥底觀察，幾位有才華卻默默無名的服務員，從此得到了夢寐以求的機會，得以參加試鏡，而愛追星的蘿西得到了擔任媒體公關的工作，從此滿足她想貼身親近大牌演員的想望。固然這情節轉折也太「迪士尼」化，可也總算是有個皆大歡喜的結局。

翻開節目單，幾位演員或多或少都有西區演出的經歷，雖非主角，但也持續累積著專業資歷，不由得揣想：或許正因如此，詮釋起「成名在望」的期待，才會如此有說服力。許多觀眾服務細節和甘苦，對劇場的熱愛，大概也是劇場中人才能心有戚戚焉，儘管如此，亦不影響一般觀眾作為娛樂消遣的樂趣。

步出觀眾席，查令十字小劇場的服務員一一向觀眾道別，發給小卡、歡迎觀眾上推特發表心得，或是販售著節目單和原聲帶。舞台上的「服務員」工作告一段落，前台的工作才正忙碌。這一晚，想特別記得他們的模樣，在步出劇場前，說聲「謝謝」與「再見」。

老人劇場 Age Exchange————

不論如何，我們總會有一天開始回憶自己那段青春時光。Photography_Paul Townsend - memories of the sixties, CC BY 2.0

　　從倫敦市中心搭乘火車約二十分鐘，即可抵達東南郊區的黑色荒原（Blackheath），不若鄰近的格林威治，此地觀光客不多，多為住宅區。出站不久，便可見隱身於市街中的歲月流轉中心（Age Exchange）。歲月流轉中心為複合式的藝術中心，包括圖書館、小型劇場以及咖啡館。作為社區一員，可在這裡喝咖啡、借閱童書上肚皮舞課、參加編織社團；空間內陳列了各種昔日生活的代表物品，無論是舊型電視、手工果醬，這彷彿時空膠囊，將過往歲月掬起留存。

　　然而歲月流轉中心留存的不只是物，它更是英國懷舊

藝術（Reminiscence Arts）的先驅。1980 年代，潘·史威哲（Pam Schweitner）在為服務老人的慈善機構工作，當時已有年輕人為長者整理家園的志願服務；史威哲卻認為這依舊在強化「老者即弱者」的刻板印象，在這樣的單向關係中，長者僅是受助者。偶然間，她發現一群年逾八旬的女士齊聚一堂，回憶青春時光，彷彿又重回到十七八歲。從敘述方式、技巧、故事內容等等元素，史威哲認為這些回憶可以成為戲劇素材，更有潛力將它呈現給年輕人看，相信它能夠促成跨世代的溝通與了解。找來一群戲劇學生，史威哲開始試著將這些記憶搬上舞台。隨後，更促成了「懷舊劇場」的出現，讓過去的記憶能在今日注入新的活力；同時，與年輕人的合作過程讓長者成為具有源源不絕記憶庫的「專家」，也扭轉了原本對跨世代關係的想像。

　　作為應用劇場的形式之一，歲月流轉的「懷舊劇場」先以深度訪談的方式收集資料。透過在地媒體以及老人會等組織募集受訪者，這不僅讓地方耆老有機會分享、流傳記憶，對於戲劇工作者來說，與這些「消息來源」見面，更加深了他們與故事的連結，同時提供故事的時光脈絡。藉由到各地巡演的機會，歲月流轉劇場也與在安養院、醫院中的長者接觸，從看戲中觸發他們的回憶。在演出結束後，劇團總會邀請觀眾留下來喝杯茶，與演員輕鬆地對談。如此，看戲和戲劇製作便成了彼此溝通的雙向互動。

　　隨著歲月流轉劇場的巡演增加，劇團也從中發現改變：當劇團一開始造訪安養院時，有的照護人員只把它當作得以

休息的空檔；之後，經由欣賞戲劇演出，照護者發現患者得到刺激、在日常對話的反應也有明確的進步。這不但為安養院中的病人提供娛樂，同時也提高了照護者對於自己工作的滿意度和參與感；從照護人員口中得到正面回饋，也讓劇場的工作者更有成就感。歲月流轉中心並隨後與醫院合作，發展出 RADIQL 方法（Reminiscence Arts and Dementia Impact on Quality of Life），藉由懷舊藝術的應用來協助失智症患者與照護者的生活。

另外，劇團也重視歷史記憶的保存與傳遞，例如今年的「相見於無人區」計畫，便邀請英國與德國的家庭交換一次大戰時的家族歷史，以及對後代的影響。這樣的計畫不但讓往日記憶得以留存，也有機會讓年輕世代追溯、對照兩國的戰後歷史發展。

除了歲月流轉中心之外，位在哈德斯菲爾德（Huddersfield）的社區劇場「好戲開鑼劇團」（Curtain Up Players）則運用即興演出，在鄉鎮會堂、午餐會等場合演出。作為社區性的業餘劇團，成員多在五十歲以上，劇團活動提供了成員和觀眾社交機會，不但有機會與人交流，還能互相提供對方在生活上的支持。儘管理想中的退休生活應是身體健康、物質生活無虞；然而許多時候人生未必全然順遂，寂寞、健康問題仍可能是老年生活的重大挑戰。這當中，劇場能扮演什麼樣的角色呢？

在英國，藝術如何影響人們的整體福利，一直是學者及智庫研究探討的主題。英國政府及歐盟也陸續提出老年政策，

並在其架構下發展相關藝術策略。最早在威爾斯，政府提出的老年政策目標包括：消除對年長者的歧視，使其得以發聲；讓老年人能夠依其意願繼續工作並終身學習；改善長者健康及整體福祉；讓他們能夠維持獨立生活，並擁有高效率的相關服務。在蘇格蘭，政府更希望能夠促進跨世代的溝通。比較四地政府的老年政策，能夠維持長者的身體健康、行動能力、心情愉快，並且使其有自主權、有力量發聲，是相同的目標。

以英格蘭為例，藝術理事會（Arts Council England）與霸菱基金會（The Baring Foundation）在 2013 年宣布提供一百萬英鎊的獎助金，歡迎藝術團體或照護機構提出三年計畫，為住在養護機構中的長者辦理高品質的藝術活動。計畫目的在建立藝術團體與機構間的夥伴關係，不僅讓長者有機會接觸多元藝術，也能同時幫助照護工作者建立信心，將藝術融入照護計畫中。即便已有獎助計畫，英格蘭藝術理事會仍企圖尋找藝術活動與老人福祉的關聯。於 2015 年委託研究機構 ComRes 作調查，研究結果顯示交通便捷度、是否有同伴等，影響六十五歲以上人士參加藝文活動的動機；七成以上的受訪者表示參加藝文活動使他們感到快樂，然而卻也發現相較於自己二三十歲時，六十五歲後參加藝文活動的頻率降低許多。得到研究結果支持，英格蘭藝術理事會隨後即宣布將在今年繼續提供更多資金投入相關計畫。

隨著老年人口增長，如何能夠維持他們的身心健康，向來是長照政策的重要課題。然而，藝術作為促進銀髮族福祉

的重要元素，如何能夠鼓勵他們參與、並從中獲得快樂與自信？常見的票價折扣固然是個起點，從英國的案例中，長者不只是被動的觀眾，更可以成為主動參與者。運用讓長者的記憶流轉賦權、年輕世代得以理解、照護者亦能培力的企圖。長遠看來，亦是讓文化和歷史具有永續性的做法。

科學家的獨白 2071

恐怕是沒看過比《2071》還不像「劇」的戲劇演出了。

皇家宮廷劇院（Royal Court Theatre）日前落幕的《2071年》，全長七十分鐘，只見一位演員，完全不起身地坐在沙發上講話。沒有走位，沒有任何情緒起伏，從他接觸科學的緣因說起，源源本本地把氣候變遷、全球暖化的科學知識，呈現在觀眾眼前。

這位講演者是倫敦大學學院的氣候科學教授克里斯·雷普利（Chris Rapley），曾任英國科學博物館的館長，亦曾是NASA 的訪問學者。習於在學校講課的大學教授登上舞台，要怎麼把他想說知識傳達給觀眾呢？導演凱蒂·米契（Katie Mitchell）和舞台設計沒給觀眾寫滿字的投影片，而是利用斗形舞台投影，呈現地球科學的各種圖表和影像。搭配敘述，舞台投影移動地極為順暢。2071 年，雷普利教授的孫女將和現在的他一樣老，而隨著全球均溫上升，冰河融化，他想知道孫女面對的未來，會是如何？

整場演出沒有激情高昂的「讓我們一起努力吧」宣言，

雷普利反而認為科學家的任務在於忠實、客觀地呈現事實，而判斷、決定的能力，則在每個人身上。必須承認，《2071》的演出形式恐怕挑戰不少觀眾的專注力。時至今日，對「全球暖化」的議題存疑、認為這不過是場騙局的，也大有人在。這齣戲的呈現手法，也讓劇評評價兩極。

　　劇院希望能夠藉此劇鼓勵公共參與，提高大眾對於氣候變遷議題的意識，還在劇院一角設置公用電腦，鼓勵觀眾寫信給自己選區的國會議員，要求他們重視全球暖化問題。在演出的最後一日，皇家宮廷劇院規劃了一系列的活動：數個工作坊邀請觀眾環境議題涵蓋的各個面向來思考，包括都市規劃、永續運輸方式等；另外就企業、劇場的節能、綠化等議題進行圓桌論壇。

　　以劇場製作而言，如何節能減碳，可以有許多有創意的實驗：例如完全不印製任何文宣品、不開空調，請觀眾多穿幾層來應付當天的溫度變化、並搭乘大眾交通工具去看戲。在場地管理方面，除了資源回收、減少碳排放之外，還可積極地向提供「可持續能源」的電力、瓦斯公司購買能源，或是利用免費捐贈網（Freecycle）來取得需要的道具材料等等。也許劇場的實驗和行動所省下來的能源，遠遠不及跨國企業、大型工廠所消耗的，但身在劇場，最重要的還是劇場人在文化中能扮演的角色，藉由藝術形式啟發人們，無論支持也好，或是批判，都是對於氣候議題的再次思考。

　　除了講座、工作坊之外，在劇院內的餐廳和酒吧，還安排了「驚喜演出」，演員隨機出現在閒聊、喝飲料的觀眾面

前，問「想不想看點戲？」還說：「台詞只有十句喔！」光這點，就足以勾起觀眾的好奇心。原來是劇院跟學校合作，邀請多位十四歲以下的學童，發揮他們的想像力，用迷你劇的方式，表達他們對環境議題的理解和想像。演員邀請觀眾隨機抽選主題，抽到哪個就當場演出。在學童的迷你劇裡，隨意丟棄廢物的壞人被大地之母的妹妹發現，讓他受到應有的懲罰——冷凍在原地數百年不得動彈。以此趣味的方式和學童共同創作，不僅讓原本可能生硬的知識變得有趣，還能讓小劇作家們有機會發表作品，又何嘗不是藝術教育的「永續發展」？

復仇的對反 The Far Side of Revenge —— A

在英文裡復仇有種說法叫 get even，直譯的話大概是扯平的意思：你揍我一拳，我就踢你一腳，銀貨兩訖，互不相欠，也許這是種動物本能，非常合理；然而我們也有另一種本能，孟子稱為「惻隱之心」，不忍心看到某些殘忍的畫面，電影《英雄本色》（Braveheart）的史實雖然有很多地方有待商榷，但讓我深受震撼的一幕是，當主角被以殘酷的極刑虐殺時，下面的群眾大叫「可憐他！」（Have mercy!）

如果電影都只是演演而已，講個前陣子的親身經歷：因為發現莎翁環球劇場的半價票，跑去看了一齣連名字都沒聽過的早期悲劇泰特斯·安特洛尼克斯（Titus Andronicus），可能是莎同學剛出道口味下比較重，這應該是他最血腥的一

齣舞台劇，整齣戲是以兩方的冤冤相報作為劇情主軸，你殺我、我也殺你。砍頭就先不說了，劇中還有強姦、斷手割舌，把人做成肉餅餵親人吃等等等。雖然戲還是很精采，但我看沒多久就覺得為什麼要來活受罪，還有觀眾看到一半直接暈了過去，工作人員趕緊進來把人抬走，後來還上了新聞 *。明明都是假血假演，況且古裝劇更多了一層隔閡，為什麼觀眾看了還是那麼不舒服？在復仇之心與惻隱之心之間，這齣戲拉扯的似乎是觀眾的極限。

後來才了解，原諒與和解，本就不是一種與生俱來的能力，甚至什麼叫做原諒也在各種錯綜複雜的情勢中漸漸模糊。上世紀六〇到八〇年代期間，北愛爾蘭由於有一群人想要加入愛爾蘭共和國，另一群人想要留在大不列顛，裡面摻雜了宗教、政治與階級，展開了一段非常不平靜的故事。這麼說太輕描淡寫，但基本上就是英軍無情鎮壓（Bloody Sunday），愛爾蘭共和軍（IRA）則運用恐怖手段反擊的不堪歷史。IRA 有群激進份子使用了最極端的手段，闖入民宅綁架平民，監視他們的妻兒，逼他們當人肉炸彈衝撞軍營 *。

這段歷史光用讀的就不覺得有任何和解的可能，但仍然有人願意嘗試，《復仇的對反》（The Far Side of Revenge）就是這樣的努力。

劇場工作者史普妮克（Teya Sepinuk）致力在衝突地區促成一些好的轉變，因此找了幾位在北愛衝突（The Troubles）期間受影響的女性，想要就她們的生命經驗共同創作一個故事。參與者之一是人肉炸彈的遺孀，她的先生被綁在貨車上

撞進軍營，五名士兵與他都遇難了；也同時找來前 IRA 的成員參與。這位遺孀回憶當時第一次見面的時候，她亟欲知道到底誰是那個「共和軍女孩」，她要狠狠瞪著她，然而當他們眼神對上時，兩個人都哭了。我其實無法了解那是什麼樣的情緒，但我覺得那種很深刻的互動已經超過「原諒」或「和解」，是一種帶著傷痛活下去的勇氣。當然，我們不是一直都那麼勇敢，但我想那樣的勇氣才是復仇的對反。

阿喀朗・汗的認同故事 Akram Khan ———

阿喀朗・汗舞團經常處理歷史、戰爭、離散與自我認同，圖為《垂直之路》的舞劇照。Photography_ Laurent Ziegler - Akram Khan Company performing Vertical Road at Curve Theatre, Leicester in November 2010, CC BY-SA 4.0

英國編舞家阿喀朗・汗是孟加拉裔的英國人，出生在溫布頓。七歲時開始拜師習舞，學的是南亞的傳統舞蹈，十三

歲就粉墨登場，出演莎士比亞劇團的《大戰詩》。他是英國當紅的舞蹈家，在台灣亦具有知名度，曾與林懷民、姬蘭合作，演出《聖獸舞姬》（Sacred Monsters），在台灣有知名度。2012倫敦奧運開幕式，也便有阿喀郎演出的舞作《與我同在》（Abide with Me），這舞紀念了在2005年倫敦地鐵開幕前無差別恐怖攻擊案的受難者。舞作一開始，急促的心跳聲和漫天飛舞的塵沙，以及舞者們的群舞，視覺上已經帶來震撼。舞作最後，當阿喀郎抱起小男孩時，一陣感動也讓人渾身冒起雞皮疙瘩。

阿喀朗自作品《零度複數》（Zero Degrees）開始，阿喀郎努力地探索他與他父親的故土──孟加拉的關係。在倫敦出生、長大的他，誠實面對自身的認同問題，在新作中挖掘得更深，並企圖尋找解答。在DESH這齣個人首次獨舞長作中，他以個人的眼光和體會，述說這個國度獨立四十年來，國家、文化與他之間的故事。

為了尋找答案，阿喀郎帶著製作團隊到孟加拉，進行為期十天的取材，探索當地生活方式。為此，團隊成員拿著手機錄下他們所看到的事物。一開始，他們覺得不太自在，彷彿將當地人看成實驗室裡的動物。回憶起那段過程，阿喀郎談起一個赤腳又衣衫襤褸的小男孩，正當阿喀郎覺得對著他拍攝是那麼不恰當而停止時，小男孩笑了，從他自己的口袋裡掏出手機，開始對著阿喀郎錄影。貧窮與高科技，這兩個截然不同又看似矛盾的概念，活生生地在孟加拉的日常生活中衝撞。

在這齣長達八十分鐘的獨舞中，阿喀郎述說了數個故事：他為了練舞和口音與父親的衝突；又以巧妙的肢體動作代言戰場上的廚師，末了因為巴基斯坦與孟加拉的對立而失去雙足；他又是與姪女對話的舅舅，說採蜜人家庭的故事。不僅如此，阿喀郎藉由打電話給客服人員解決語音信箱問題的橋段，切片全球化下的眾人生活。不管在法國也好、孟加拉也罷，接電話的還是同一位有著濃濃口音的客服小姐；最後，阿喀郎終於聽見語音留言，是爸爸從孟加拉打來的電話。藉由各個片段，觀眾得以在阿喀郎的引領下，窺得南亞彼端的歷史與文化風貌，也從這幾個不斷交錯的故事中，看著「認同」被不斷爬梳，不斷深掘。在父與子、大人與小孩的敘事脈絡中，阿喀郎亦思索文化在世代間傳遞的過程，以及個人在社群中的角色改變。同時，阿喀郎也想抓住流失中的記憶，將它傳遞下去。面對歷史、戰爭、離散（diaspora）與自我認同，舞作中想表現的概念，並不輕鬆。

　　擔任過電影《臥虎藏龍》服裝設計的葉錦添，也操刀此次 DESH 的視覺設計，從服裝到佈景，兩人激盪出的火花，皆令觀眾驚艷不已。一開場，阿喀郎在黑暗中提著油燈上台，以斧頭一次又一次地往地板上錘下，一聲又一聲，燈光從阿喀郎身上漸次向外展開，將故事細說從頭。而後，隨著情節開展，舞台設計運用投影與他互動，描繪出孟加拉的原始景色，運用渲染（rendering）技巧，在細節處呈現細膩的層次。在敘述中，阿喀郎加入孩童的觀點，更在後來，在舞台上放上兩張尺寸落差極大的椅子，運用比例差距，表現「大人」

與「孩子」兩個概念的反覆轉換。最後更運用吊桿作出似雨絲的簾，讓阿喀郎的舞姿與光影在當中交錯，精湛的設計，讓人嘆為觀止。

　　「認同」是什麼？在「自我」與「他者」的不同眼光之間，如何找到自身對文化和歷史的定位？阿喀郎在 DESH 中，帶領觀眾走過這樣一趟旅程。受傳統 Kathak 舞蹈訓練的阿喀郎，之後更多次嘗試、讓 Kathak 與芭蕾、現代舞、佛朗明哥等不同舞蹈對話，激盪出更多有趣的作品，為英國、甚至是國際上的其他角落，帶來豐富的舞蹈風景。

Ⓐ ———————— 告別舞動人生 Billy Elliot

音樂劇《舞動人生》感動許多人，十分勵志。
Photography_ Gary Vorwald - Billy Elliot in Hartford - Drew Minard Saturday June-22-2013, CC BY 2.0

　　《舞動人生》（Billy Elliot）講的是礦工小鎮男孩突破重重限制，邁向芭蕾舞者的勵志故事。很久以前電影上映時有

跑去看，雖然當時裡面的英文幾乎聽不懂（濃重的英格蘭東北腔），但音樂好聽，電影好哭，讓我留下深刻的印象。來到倫敦之後，便一直盧室友要看這齣音樂劇，終於在某年的開學之際，等到了不用排隊的特價票，重溫其中感人熱血的情節。

音樂劇比電影政治很多，為的是表現那個時代的氛圍。在柴契爾當政的年代，沒落的煤礦小鎮幾乎完全沒有任何出路，大規模的衝突抗爭也勢不可擋。為了凸顯這種尖銳的矛盾，劇中還特別安排眾人齊唱〈聖誕快樂，瑪姬柴契爾〉（Merry Christmas, Maggie Thatcher），詛咒柴契爾夫人趕快死。結果當柴契爾夫人真的在 2013 年過世時，為了尊重柴契爾的家人，劇組還在劇前由現場觀眾投票，看是否要照常演出這一段。

有的片段忍不住叫人流淚，遠遠就聽到吸鼻子的聲音此起彼落。例如比利帶著已故媽媽寫給他的信，由比利與芭蕾舞老師共同唱出：

我會錯過你長大
我會錯過你哭
我會錯過你笑
但比利，我要你知道
我以你為傲
比利，請你一定要
不管什麼時候都忠於自己

　　而爸爸最終了解比利的才華，不僅捐棄先前對芭蕾很娘的成見，還不惜成為工賊（scab），為的是賺取比利前往倫敦習舞的盤纏。劇作家李·霍爾（Lee Hall）表示這樣的故事情節有很深的英國背景，包括了對當時政治社會背景的理解，當然也包括了階級與城鄉差距的問題，他從來沒想過會獲得這麼廣大的回響，甚至還可以搬到紐約演出。他說：「藝術就是這樣，只要夠精確，一樣可以引起普遍共鳴。」（That's the thing with art: if you make it specific, it's universal.）或許這也是「越在地，越國際」的最佳範例。

　　霍爾也說，這部作品講的是一代社群、認同和理想的失落，而這樣的政治巨變幾乎是一夜之間發生的。但透過比利的勇氣、敏銳與活力，或許也能稍稍彌補這些失落帶來的傷害。在演出十一個年頭過後，比利最近要暫別倫敦。對我來說，這齣精采音樂劇要說的是：人生中需要的不只是一個機會，成就的背後總有更多人的愛、犧牲與遺憾。再見了比利，後會有期。

一舞入魂 El Duende ────────── A

相對於其他舞蹈類型，佛朗明哥舞者要越老才越厲害。。Photography_SoPHie - Cropped version of flamenco - Oct-26-2012, CC BY 2.0

　　佛朗明哥（Flamenco）對於我一直有種莫名的魅力，吉他、歌聲、拍手、以及舞步，在在成為感官的饗宴。很後來才知道，這種獨特的舞蹈，最初根基於窮困與匱乏之中，所以美麗中總帶著一些滄涼。

　　印象中深受感動的第一場演出，是在普羅旺斯小鎮的藝術節上，當時我獨自在法國旅行，看到某個鎮上大宅的中庭要表演佛朗明哥，價錢也相當可親，就跑去看了。夏日傍晚的普羅旺斯其實相當炎熱，觀眾站在中庭等表演者上台，我跟旁邊的法國女士用彆腳的法文聊起來，她是個社會學教授，問我為什麼會對這表演有興趣，我說我覺得很美（是說除了美之外我也想不出其他比較精確的形容詞了）。

　　此時表演者上台，是一群胖胖中年大叔與大媽，跟我刻板印象中的佛朗明哥身形差很多，但首席大媽一開口，全場頓時靜了下來，那是受過歲月淬鍊的聲音，彷彿直接唱進你的靈魂裡。唱了一段之後，大媽講了一串西班牙文，觀眾都笑了，女教授看我一頭霧水，用嬰兒法文跟我解釋大媽說：「暖身完了，現在好熱。」下一首她跳了起來，舉手投足之間的韻味，對我來說更勝於身材曼妙的小姐。後來才知道有種說法是，相對於其他舞蹈類型，佛朗明哥舞者要越老才越厲害。

　　來到倫敦之後，沙德勒之井（Sadler's Wells）每年都會舉辦佛朗明哥節，連著兩年買到便宜票，前一年的場子很熱鬧，歌手唱得不亦樂乎，還跳下台與觀眾同樂，簡直是搖滾演唱會。第二年年看的則是非常純粹乾淨的表演，雅芭布安娜（Eva Yerbabuena）已經是兩個孩子的媽，還是可以一個人撐完一個半小時不休息，技巧與體力都令人驚艷。但最美麗的，仍是那些刻進靈魂裡的聲音與肢體。

　　詩人羅卡（Lorca）稱之為 *el duende*，硬要翻的話應該是「入魂」的意思。但這不是一種唯美的形容或思想，而是自己與藝術的戰鬥與掙扎，使人能直面死亡。這種神祕的力量超越言語的解釋，創造出近乎宗教般的狂熱。搖滾歌手尼克・凱夫（Nick Cave）也說過，所有的情歌都應該要入魂，因為真正的情歌不會只有純然的喜悅，必須有擁抱痛苦的可能。

　　我猜，大概也只有這種真實，才會讓人一直想要在藝術中尋找感動吧。

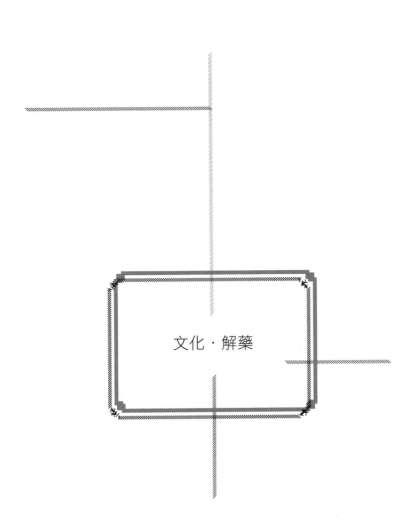

文化・解藥

Ⓐ ─────────── 水石書店 Waterstones

這年頭有人還想要進書店嗎？水石書店盡可能創造讀者與書相遇的機會，他們在一些地方以水石書店以外的名字建立分店，看起來完全不像連鎖書店啊！Photography_Random articles - Southwold Books, a bookshop owned by Waterstones in the town of Southwold, CC BY-SA 4.0

　　如果搬到現代，NY152 和 Shopgirl 拼得贏 Amazon 嗎？

　　1998 年的電影《電子情書》(You've Got Mail) 中，女主角開的小型獨立童書店對上男主角的大型連鎖書店。電影中小書店的溫馨專業，和大書店的平價效率形成鮮明對比，電影中男主角在受訪時甚至表示：「我的書就是便宜，不服來告。」而串起男女主角之間甜蜜情愫的，則是當時方興未艾的網路，數據機連線後的雜音，如今已成懷舊的符號。殊不知時隔二十年，現在大小實體書店共同面對的敵人，竟是當時用來談情說愛的網路。

　　美國亞馬遜公司於 1998 年 10 月進軍英國，這個英國書商口中「來自西雅圖的好朋友」逐步蠶食鯨吞，終於橫掃英國書市，整條產業鏈無一倖免，實體書店更是在其網路購書

與電子書的夾擊之下應聲倒地。2009 年，亞馬遜公司的電子閱讀器 Kindle 在英國上市；據統計，十八個月內實體書銷售額蒸發了一億英鎊。

面對龐大的衝擊，英國市場上的大型連鎖書店紛紛退出市場，如原為美商，之後獨立的英國博德斯書店（Borders），或如 WH 史密斯（WHSmith）轉型。到了 2011 年，以賣書為主業的實體書連鎖店，大概只剩水石書店（Waterstones），然而無論是水石書店或當時的母公司 HMV 集團，財務狀況都岌岌可危，HMV 為求取現金週轉，四處求售。

在這樣的艱難處境中，水石書店如何在短短幾年間絕處逢生，轉虧為盈？

故事要從 1982 年說起，提姆‧沃特史東（Tim Waterstone）成立了同名的「新一代書店」——水石書店（Waterstone's），主打過季、文學、特選書籍，由於經營得相當成功，經過一系列的擴張與併購後，在 1998 年由 HMV 集團以三億英鎊購入。前一年英國書界則發生了大事：「淨書價協議」（Net Book Agreement, NBA）的廢止。

英國的淨書價協議行之有年，卻是項強制力不高的君子協定：如果有書商以低於公定價的折扣賣書，出版商將不予繼續供應產品。由於規定只適用於新書，為了規避公定價，有些書商會將書頁邊緣以麥克筆畫條線，當成回頭書販售。到了 1990 年代，這項制度在英國越來越顯得不合時宜，水石書店等連鎖書商都開始進行折扣戰，實行了快滿一百年的淨書價協議，終於在 1997 年正式廢除。

　　在這樣的背景下，HMV 時期的水石書店走向標準化、折扣化與均質化的路線。走進任何一家水石書店，消費者看到的都是同一批強打書籍。另外，還結合販售唱片、文具、咖啡，堪稱是書店界的麥當勞。

　　然而好景不常，亞馬遜公司的侵門踏戶，使得實體書店再怎麼下折扣，都無法比網路購書來得便宜。最慘痛的例證，莫過於 2007 年《哈利波特》第七集的預購。為了與亞馬遜公司和各大超市一較高下，水石書店決定下殺五折；但亞馬遜公司除了打五折以外，買到一定金額還免運費；當時的超市龍頭特易購（Tesco）則賣得更便宜。或許從這裡可以看出來，如果要在價格上一決勝負，實體書店和網路書店，或根本沒打算從書本上獲利的超市，是完全無法競爭的。

　　到了 2011 年，俄國富豪亞歷山大・馬穆特（Alexander Mamut）以五千二百萬英鎊買下水石書店，並找來當時擁有六家獨立書店但特書店（Daunt Books）的詹姆斯・但特（James Daunt）經營。然而，但特為何要放下他的獨立書店，接下這個燙手山芋呢？

　　但特出身銀行業，在妻子的勸說下，想做真正有興趣的工作，於是在 1990 年開始經營書店。他對書最早的記憶是圖書館，印象中他得走上好大一段路，享受在圖書館泡一整天的樂趣。2011 年，馬穆特找上他的時候，他的心中忐忑不安。但他想到商業大街（high street）上沒有書店的 1970 年代，他說：「書店一旦在街上消失，就很難再回來了。」

　　另外，如果英國的實體連鎖書店都紛紛倒閉，那麼背後

的配銷體系、後勤系統都將隨之消失，這對獨立書店的影響將無法估量。從他的訪談看來，但特會接下這份重任，或許是基於一種唇亡齒寒的擔憂。

水石書店在他接手的第一年持續虧損三千七百萬英鎊，亟欲止血的他，開始進行大刀闊斧的改革。他首先看到的，便是過度中央集權所帶來的問題。但特說：「倫敦讀者會買的書，跟北英格蘭工業小鎮讀者會買的書，一定不會完全相同。我們卻給他們同樣的選擇，這怎麼看都不合理。」

於是他開始精簡人事，並賦予每間書店更多的權力；然而，最核心的問題還是：「這年頭為什麼有人想要進實體書店？」若已經知道自己要買什麼書，上網點點滑鼠就直送到府，甚至更便宜，消費者究竟為何要進實體書店？

但特認為關鍵在於「書店體驗」。他以高級超市和平價超市舉例，認為消費者即使知道高級超市賣的東西比較貴，仍然會因為愉快的購物體驗而選擇高級超市。然而，這在賣書上可能不盡相同。消費者到高級超市或許可以買到比較高級的食材；讀者在亞馬遜公司和實體書店買的，可還是同一本書。

但特進一步提出實體書店成功的四個要素，分別是環境、服務、選書和效率。

環境和服務不待贅言，自然是讀者走進一間書店所直接感受到的體驗，水石書店在但特接手後改變店內陳列，讓氣氛明亮愉悅，並在店內加放許多小書桌，讓每一本設計精巧的實體書封面正面迎客，吸引讀者目光，增加他們與書的巧

遇機會（serendipity）。

　　選書則是但特最大膽的一著。他觀察到：書店賣不完、退回給出版商的退書率高得嚇人。以他接手時的情況而言，平均每四本書就會退掉一本。仔細想想，一個賣書的地方為什麼要退這麼多書呢？原因來自於出版商編列行銷預算、購買展示空間，希望藉此增加自家暢銷書的銷量，這給予出版商極大權力，從上而下地決定書店應該擺些什麼、怎麼擺。

　　然而，這種模式也讓書店變得單調無趣，成為飲鴆止渴的毒藥：出版商撒下行銷預算，自然希望鋪天蓋地地讓某些書籍曝光，讀者卻沒有理由特地走進某一家書店購買，因為到處都買得到一模一樣的書呀！更糟的是，書店店員也未必對這些強打書有愛，因此意興闌珊。這樣下來，不僅讓書店吸引人的特質消磨殆盡，對店員來說，更得處理後續退書的繁瑣程序。面對這狀況，但特的理念是：賣書都已經在做功德了，別讓店員不開心。

　　因此他不再讓出版商付上架費，將每年高達二千七百萬英鎊的獲益推出門外。他也親自組成選書團隊，以精準的眼光製作當月推薦書單，讓各分店主管有權決定購買數量。這是個冒險的決定，萬一眼光失準，可是沒有任何讀者會買單的。這著險棋卻也對映但特的經營哲學，他認為唯有讓賣書人有更多自主權，用熱情來主導銷售，讀者才會願意重回實體書店。

　　2016 年最成功的實例，莫過於小說家莎拉・派瑞（Sarah Perry）的《艾賽克斯之蛇》（*The Essex Serpent*），在小説

走紅之前，水石團隊便已發現其潛力，列入書店當年五月的好書榜首。有些分店甚至請人手工繪製大型壁畫，以驚人細節重現小說面貌。全國各大小分店陸續購入了十萬多本精裝版，佔該書七成銷售量。由於選書影響銷售量甚鉅，出版商直言，水石書店甚至會參與書的製作，建議書封設計，甚至是書的命名。儘管出版商仍在適應這樣的合作模式，但到了2017 年，水石書店已經將退書率大幅降低到 3%，顯見此策略的成果。

水石書店的轉型過程中，還發生了一則有趣的插曲：2014 年，一名美國觀光客被鎖在倫敦特拉法加廣場旁的水石書店，他進書店並不是為了買書，只是想用免費網路，卻沒注意到打烊時間將近，店員正準備下班。發現自己困在店內後，他發佈推文：

「我被鎖在倫敦一家水石書店裡，我只不過是上樓去用了十五分鐘的網路，下來後看到燈關了、門也鎖了，已經過了一個小時了，應該有人趕來了吧……」

事件發生後兩小時，這位觀光客終於成功離開書店。這起事件極可能在社群媒體上造成公關災難，不過水石書店力圖化危機為轉機，還幽默地在推特上提問：

「如果你被關在書店裡兩小時，該讀什麼書好呢？」

這樣半開玩笑的回應引來書迷的熱烈迴響，還有書迷說能在書店裡頭睡一晚簡直是夢想成真，換作是他被鎖在裡頭，才不會打電話報警呢！

這起事件不久後，提供分租服務的 Airbnb 與水石書店合

作，辦了「來去書店睡一晚」的活動。在博物館過夜的企畫在倫敦時有所聞，但在書店裡過夜倒還是第一次。而主辦書店的店員也一本正經地說：「博物館文物晚上會活過來是常識，書中人物晚上在書店活過來也是很合理的。」

因此阿嘉莎・克里斯蒂（Agatha Christie）筆下的名探白羅當晚也由演員扮演，在店內逡巡。從這個插曲也可以看出「體驗」對於實體書店來說，已成為最重要的賣點。

經過這些年的重整，水石書店總算在 2017 年轉虧為盈，不過衡諸當年度英國書市，亞馬遜的市佔率仍高達 60%，水石書店 16%，所有其他的獨立書店相加則有 5%。由此看來，實體書店已成了一個小眾的市場，在商業上必須具備獨特優勢才能存活；即使網路書店方便又便宜，實體書店仍有其難以取代的魅力。正如但特所言，在商業大街上沒有了實體書店，對人們來說會是多大的損失啊！

「商業大街上沒了實體書店，會是多大的損失啊！」實體書店已成了一個小眾的市場，在商業上必須具備獨特優勢才能存活。

P.S. 2018 年女王官方生日的受封名單出爐，水石書店的創辦人提姆・沃特史東受封，現在是 Sir Tim 啦！

經典還魂 ———————————— A
Return of the Classics

經典是否令人望而生畏呢？經典離我們年代愈是久遠，就愈讓人覺得有距離，英國人用創意讓經典融入 21 世紀的生活中，找出新的詮釋與意義。Photography_skitterphoto.com, CC0

　　台灣的文化中似乎很在意「經典」這回事，然而大有來頭的西方文學名著，往往令人望而生畏。「讀懂經典」傳統上需要權威的帶領，孜孜不倦地鑽研，才有可能一窺堂奧。但在倫敦的這幾年間，我看到了另一種可能性：透過紀錄片、廣播劇等不同媒介，轉化了原本陌生艱澀的背景脈絡，讓文學再次鮮活地呈現在一般閱聽者面前。而這種重新詮釋如果做得好，並不會減損原作的價值，反而讓人更容易親近原作。以下三則隨筆便是親身體驗，讓人在崇敬經典的同時更能親近。

《喬治‧歐威爾》

　　西蒙‧夏瑪（Simon Schama）在千禧年時為 BBC 製作的旗艦歷史節目《英國史》（A History of Britain）最後一集，講了兩位溫斯頓。一位是家喻戶曉的英國首相溫斯頓‧邱吉爾，一位則是喬治‧歐威爾在《1984》中的主角溫斯頓。

　　片中的喬治‧歐威爾，經歷奇幻而豐富：他在伊頓公學念書、在緬甸當警察、在濱海小鎮養老、在倫敦與巴黎過窮苦生活、在西班牙當反抗軍、在荒島上寫作。但最重要的是，他永遠試著保持身為一個人的溫度，也付出了非常人能及的代價。在緬甸，為了殖民者的尊嚴而射殺一頭無辜大象，他無法接受自己；在濱海小鎮養老，卻毅然離開舒適環境立志成為作家；為了社會主義理想，選擇去西班牙與反抗軍站在一起，看到的卻是共產黨與右派一樣暴虐；寫北方採煤小鎮的淒慘，反而同時遭到來自左右的嚴厲批評，右派覺得這什麼左派垃圾作品，左派認為著墨太少於無產階級的團結。

　　但歐威爾並沒有屈服，總是為自己的人生戰鬥。這種戰鬥不只是肉身的、物質的，更是心靈上的。如何抗拒記憶的抹滅，如何撕開懷舊的外皮，回到定義一個人的歷史。小說《1984》的統治機構，最後要禁絕的，無非是愛、真相與記憶。這麼說來，作為個人的反抗，或許正是盡己所能保存這三者，拒絕用恨、謊言與遺忘來定義自己的人生。

　　西蒙‧夏瑪在片尾說得好：「歷史是我們的文化血脈，我們之所以為我們的祕密。她告訴我們即使在尊崇她的時候，也要放下過去：悼念我們所應悼念的，頌揚我們所應頌揚的。

如果到頭來，歷史終究成了愛國者，我想邱吉爾或歐威爾都不會太介意吧，事實上，我也不會。」

《戰爭與和平》

2015 年，BBC Radio 4 推出了一共十集的旗艦廣播劇，裡頭星光閃閃，決定再試一次，體驗一下世界名著的魅力。剛開始聽的時候，還是一樣搞不清楚誰是誰，甚至覺得當時俄國貴族的生活好無聊，不是在開趴就是去打仗，不然就是想辦法嫁給誰或娶到誰，否則整個家族就要破產了。

但是慢慢聽到最後一集，忽然有點捨不得的感覺。裡面的角色鮮活地呈現各自的個性、渴求與苦惱。戰爭與和平一樣虛幻，以為掌控全局的人物如拿破崙或沙皇，最終也只是歷史的棋子。莫名其妙的決鬥、分手或死亡，都讓人不禁質疑幸福的可能與自由的真實。

然而，我總覺得托爾斯泰的故事有種人性的溫柔，靜靜看著角色各自的缺陷，默默讓他們得到程度不一的救贖。我非常喜歡皮耶在被囚禁的時候，學到了身體的侷限不代表心靈的禁錮。從一個焦躁不安、婚姻破裂的貴族，漸漸了解如何追求內心的平靜。

小說的魅力，或許正是讓你從角色身上，看到人生的光與影吧。

《詩寫歷史》

以前讀王明珂老師的《華夏邊緣》，最大的體會就是核

心是由邊陲來定義，身處核心其實不會（或不用）思考自己的認同。我覺得英國在戰後的發展可以很明顯看到這種軌跡，尤其是這幾年來外來移民、歐盟會員與北愛、蘇格蘭等議題，在在強化了這種焦慮，要找出所謂的「英國味」（Britishness）與「英國價值」（British values），身為台灣人，心裡總會有一絲絲幸災樂禍的感覺，當年意氣風發地站在世界中心，現在慢慢可以體會處於地緣政治邊陲的感受了吧？

我們很愛的主持人安德魯・瑪（Andrew Marr）為了全國詩歌日，在 Radio 4 上做了一整天的史詩企劃《我們英國人》（We British），企圖用詩來講述英國的「共同」歷史，還順便寫了一本書，他認為詩可以說是最能代表英國的文學形式。在 iPlayer 上斷斷續續地聽，儘管還有很多細節需要背景知識，不過聽下來真的覺得很有意思。比方說幾百年前就在抱怨天氣、討厭移民、排斥他族、追不到女友、哀悼過往親人。我們以為現在獨有的心情，都在這些詩篇中具體呈現。目前聽到最有趣的，是一位奈及利亞女詩人用饒舌的方式重新詮釋喬叟的《坎特伯里故事集》，就算不用每個字都聽懂也可以體會其中的魅力。

不管是對英詩、歷史還是罵人有興趣，這個系列都相當引人入勝。在新書發表會上，我跟安德魯・瑪說：「我本來是為了你才來的，沒想到詩這麼有趣。」他回答：「我想我的目標有達成，詩本來就不該是高高在上的供品，我就是想告訴大家詩有多麼貼近常民生活。」

城市水岸考古與漫步 ──────── Ⓐ
Mudlarking and Meandering

在河邊掏寶之後,排隊等著跟考古學家說話,確認自己挖到的到底是什麼時代的寶。Photography_
Andrea Vail - Cropped version of Queuing up to talk to Fiona the archeologist, CC BY 2.0

　　《藍色大門》裡有一句台詞說:「留下什麼,我們就變
成什麼樣的大人。」我想同理:「留下什麼,我們就變成什
麼樣的文明。」

　　第一年到倫敦的時候,並不覺得這個城市特別觀光。當
然是有些宏偉地標沒錯,但城市本身沒什麼整體感,不像巴
黎的主要區域都有嚴格的規劃與保存,或紐約那種一看就知
道不可能認錯的感覺。不過倫敦有趣的地方,挖下去才會知
道,隨隨便便就是羅馬倫敦、都鐸遺物,君不見萊斯特停車場
下,理查三世的骸骨就在此地安穩沉睡。

　　這裡的「挖」,當然可以是字面意義上的挖,作為千年

古城，市景像是沈積岩一樣層層堆疊，經歷了倫敦大火、二戰轟炸，以及戰後瘋狂的現代化。每有新建案開挖時，建商會請考古學家到場評估，前兩年的大新聞便是興建彭博歐洲總部時，挖到大批羅馬時期的遺址，後來決定大樓完成後，會妥善保存並公開展示。還有另一種一般民眾都可以做的，則是趁著退潮在泰晤士河邊撿寶，這種行為稱為 mudlarking（真正意義的「和稀泥」）。

　　原則上河岸邊的東西都屬於倫敦港口局（Port of London Authority），但除了北岸某處明令禁止使用金屬探測器，其他撿到的文物是可以帶回家的。而撿到的東西出乎意料地多：中古時期的瓦片、都鐸時期的煙斗、維多利亞時期的工業上彩窯燒、二戰時的硬幣，只要眼睛夠尖，河水一層層沖刷著歷史。

　　帶著我們下去撿文物的社區考古學家說，現在有人在討論在清理泰晤士河岸時，是否要把當代的垃圾全都清掉，這麼做兩百年後，我們這一層的歷史豈不就空白了嗎？一開始的念頭是有趣，想這麼多做什麼，兩百年後也不知道會怎麼樣，但隨後則生出更多的敬意，肯為了這麼微不足道的事情認真思考，不就是為了讓更多（根本還沒出生的）人如實看待歷史嗎？

　　如果在爛泥中撿文物不是你的菜，去年各單位合作在倫敦北岸做了一幅非常美麗的壁畫，不僅刻劃倫敦千年史，壁畫周邊更用撿到的文物按照時序來裝飾，非常有心，值得前往一看。

不過一般人要認識這個城市，或許需要的是另一種「挖」，而工具就是各式電子報跟雙腿了。這個城市的故事多到同一條路走兩遍，會有兩個完全不一樣的故事；你習以為常的巷弄，稍微轉一個彎就是從來沒看過的風景。

　　幾年前，我迷上了各式各樣的倫敦導覽行程，一年到頭走不完。導覽員們也是各形各色，我遇過 IT 顧問、退休教授、媒體從業者、演員、律師、會計師，據說還有計程車司機轉行來做，不過我沒遇過就是。這些導覽的共同特色就是解釋狂，他們對於導覽主題幾近迷戀的程度，跑遍倫敦各大圖書館找幾百年前的資料，分辨哪個版本的故事比較可信，門牌的資訊有沒有改過，哪個下水道孔蓋下才是河流過的地方。導覽路線則有建築的，帶你看同一個建築師在城市中留下的痕跡；有產業的，看東倫敦碼頭工人的興衰；甚至還有抗爭的，帶你重現爭取女性普選以前抗議的路線；當然還有有文學的，帶你跟戴洛維夫人一起去買花。

　　每年十月倫敦會有一系列以文學為主題的徒步導覽，我已經想去想了好幾年，不是覺得很懶，怕自己程度跟不上，就是根本沒把經典小說讀完。到了倫敦第三年，終於決定無論如何要來試試。我跟吳爾芙（Virginia Woolf）並不熟，第一次深受震撼，是看了以她生平與小說改編的電影《時時刻刻》（The Hours），裡面講女性的壓抑、時間的創傷，與情感的消磨。事實上，戴洛維夫人的原名便是時時刻刻，整本書用一句話就可以說完：戴洛維夫人為了辦派對跑去買花，後來辦了一場派對。但整本小說的天才之處在於創新的形式、

精準的氛圍與人物思緒的交織與流動。

我參加的徒步導覽就以戴洛維夫人走去買花的路線作為主題,從大笨鐘(Big Ben)響開始,一直走到她去買花的龐德街(Bond Street)。途中導覽會穿插小說中描述地景的段落,並像偵探一樣推測近百年前的倫敦可能的樣貌。漫步的過程中不斷有種恍惚感,沉浸在吳爾芙的細膩描述中,並且在那些或熟悉或不熟悉的路徑中看到全然不同的倫敦。文學如果能這樣教,倫敦如果能這樣玩,怎麼可能會無趣呢?

六月的夏日清晨,或許可以陪著戴洛維夫人一起去買花。

[A] ──────── 雅典信使報 Athenian Mercury

前網路時代的疑難雜症要去哪邊求助呢?跟我一樣有點年紀的朋友可能聽過「薇薇夫人」,或是漫畫版的《Miss 阿性》,以解決兩性家庭問題為主。前陣子學到英國這類問答專欄的說法,叫做 "agony aunt/uncle",直譯就是「苦惱嬸/叔」,言下之意就是要解決你的苦惱。這種專欄在英國歷久不衰,甚至有不少家喻戶曉的作者可以持續寫幾十年,如克萊兒・芮納(Claire Rayner)或戴爾德您好(Dear Deirdre)。

有趣的是,最早關於建議專欄的記載,其實是倫敦書商的發明。1691 年,書商約翰・鄧頓(John Dunton)和朋友走在街上,沒頭沒腦地跟他說:「跟你說,我想到一個好點子,你拿錢給我都不會跟你換。」若有朋友這樣說應該會覺

得很莫名其妙吧。他的點子是推出一本有超長名字的雜誌，叫《雅典公報：或稱決疑信使報，解決聰明男女提出的善良好奇問題》（*The Athenian Gazette: Or Casuistical Mercury, Resolving all the most Nice and Curious Questions proposed by the Ingenious of Either Sex*），後來擔心跟政府所推出的《倫敦公報》（*London Gazette*）搞混，比較通用的名稱是《雅典信使報》（*Athenian Mercury*）。

雜誌出版之後大受好評，鄧頓招募了一群寫手團隊，裡面有......他的兩個姻親，還有不知道是不是真的醫生，不過對外則宣稱有神學家、數學家和自然學家。為了壯大聲勢，他甚至虛構了一整個三十人「陪審團」，以增加建議的權威性。原本雜誌還需要廣告希望人多多來信，後來太受歡迎應接不暇，只好限定一人一次問一個問題。

問題五花八門，從類型來看，十七世紀的英國人對於存有與科學是相當感興趣的：

「時間是什麼？」

「為什麼馬會拉出方形的大便？」

「雲和霧的差別是什麼？」

「為什麼半夜雷聲會比較大聲？」

「為什麼有人要浪費時間寫信給你們，你們還要浪費時間回答？」

當然，最令人苦惱的，還是各種關係上問題：

「初夜會哭，是出於恐懼還是喜悅？」

「我空虛寂寞覺得冷怎麼辦？」

「女人說她一輩子不結婚，這是真的嗎？」

身為苦惱叔一代目，「雅典協會」（Athenian Society）的回答有時候模稜兩可，有時候卻直白的不得了。比方說對於「空虛寂寞覺得冷」的回答是：「去碼頭邊，就會有一堆饑渴的水手等著你。」

後人分析，這種形式歷久不衰的原因，不外乎是匿名性跟八卦感。寫信求助的人覺得自己身分不會被透露，因此可以吐露難言之隱。讀者則從中看到八卦，或是慰藉（原來不是只有我是這樣啊。）而苦惱叔嬸們的任務，其實就是提供（可能大家都知道的）資訊，並且安撫讀者（「只要對大家都好的話，你當然可以這樣做。」）簡言之，建議受到社會氛圍所形塑，也同時反映了大環境的心理需求。

在台灣，網路時代興起後，批踢踢的各種關係專版，如男女版、婚姻版等，似乎取代了這種功能，各種討拍、求助文，香火鼎盛。有時可以看到非常中肯的回覆，但更多則是火上加油或是同仇敵愾。我有時會想，為什麼人會相信網路上素昧平生的陌生人可以給出比你自己更好的建議呢？很多時候，心裡已經隱約知道答案，需要的只是從另一個人的嘴裡說出來。如果真是這樣的話，為何不多相信自己一點呢？

苦惱叔一代目鄧頓經歷了幾年好風光，後來因為太過異想天開，加上財務經營不善，晚年窮困潦倒以終。給讀者的各種建議集結了好幾大冊，但自己的人生卻又難以掌握，在我看來，人生問題的答案往往不假外求。關於這點，《雅典信使報》其實也提供了線索，當有人問：「什麼是愛？」顧

問團的回答是：

「愛了，你就會知道 …… 當然我們會為您提供這種激情的最佳說明，這在我們的能力範圍內。愛是友誼與慾望的混合體，受到榮譽與美德的規範，愛是純友誼與純慾望間的媒介，使友誼不致冷卻，卻也不會將一切燃燒殆盡。」

親愛的貝西 My Dear Bessie ── Ⓐ

你能想像一個跟未曾蒙面的筆友結婚，然後兒孫滿堂的故事嗎？
Photography_ Suzy Hazelwood - Cropped version of letters, Feb. 8, 2018, CC BY 4.0

　　書信往返在這個年代已是種老派做法，首先你得準備好信紙信封，自言自語寫下一大段話，並努力不寫錯別字，貼上郵票寄出，然後帶著期待與焦慮等候回音，一切都慢得如此不合時宜，在某些人心中可能跟飛鴿傳書沒什麼差別。

　　然而，在一個沒那麼多通訊方式的年代，一段美好的「信」關係也造就了平凡而偉大的愛情。1943 年秋天，克里斯·巴克（Chris Barker）原本是名郵差，在二戰初期派駐到利比亞擔任通信兵。規律無聊的生活讓他想起先前在郵局有

幾面之緣的一位女孩貝西・摩爾（Bessie Moore），他寫信給她和她的男友尼克。不久便收到回音：「尼克已是過去式，但我對你有點意思。」貝西在倫敦也忍受著倫敦大轟炸的不安，他們開始通信。儘管從未有肢體上的接觸，他們卻在各自的思緒中墜入愛河，幾百封信件往返中，表達對彼此的愛慕，提及日常生活中的苦惱，訴說對於戰事遙遙無期的焦慮，當然還有能否再度相見的渴望。

數百封信留了下來，故事的結局也很圓滿。戰事結束，他們總算結了婚，生了兩個小孩，小孩又生了小孩，他們成了祖父母。但大家心中的祖父母總是一本正經，很難將他們與熱戀的愛侶想在一起。儘管偶爾會把兒孫臉頰親得濕濕黏黏，但一問起當年的羅曼史，祖母只會說當年去結婚登記的食物難吃死了。孫女也總覺得祖父母一輩子都在一起，想當然沒什麼浪漫可言。直到 2003 年祖母過世，2007 年祖父過世，她才從一個小小的藍色盒子中，發現他們的五百多封魚雁往返，以及其中再真實不過的七情六慾。

她的父親後來決定把這些信歸檔，並放在網路上的國民記憶庫，作為時代的見證。當然也會擔心這些過於私密的思緒應不應該公諸於世。事實上，祖父在祖母 2003 年過世後，便已將小盒子交給了父親，只是規定在他生前不能打開而已。她爸爸說，祖父母都是無神論者，應該不會在意他們身後發生的事吧。

於是我們才有幸知道大時代中的喜怒哀樂，更幸運的是，BBC Radio 4 覺得這個題材非常有趣，請了康柏拜區與布雷

利（Louise Brealey）飾演二角，互訴衷曲，完成他們在《新世紀福爾摩斯》中未竟的愛情（誤），信裡與信外的愛情，都如此觸動人心。

布倫斯博理文團 ────────
Bloomsbury Group

布倫斯博理文團是一個由文人、藝術家與學者組成的團體。右下者為畫家凡妮莎‧貝爾，站立者為畫家鄧肯‧葛蘭特，坐在椅子上的是作家立頓‧史崔奇，左二為赫胥黎的夫人、左一則是風流韻事不斷貴族的莫瑞爾小姐（Ottoline Morrell）。Photography_ Unknown - A group at Garsington Manor, country home of Lady Ottoline Morrell, near Oxford. - July, 1915

「我確信自己即將瀕臨瘋狂，我覺得我們無法再次撐過那段可怕的日子，這次我是不可能康復了。我開始幻聽，無法專注，所以我得做出眼下最好的抉擇。你在各方面都全心全意對我好，給了我無比幸福。在被這可怕的疾病吞噬之前，我不認為有人能比我們更幸福。」

　　第一次看到這段令人心碎的話，是電影《時時刻刻》的開場，由妮可・基嫚（Nicole Kidman）所飾演的吳爾芙自知舊疾即將復發，不願連累長久以來照顧自己的先生，決意走向死亡。還記得當初看到的震撼，以及心底一絲絲的不理解：如果沒有人能更幸福的話，真的完全別無選擇，非得做出這樣的決定嗎？

　　維吉尼亞・吳爾芙（Virginia Woolf）生於 1882 年，卒於 1941 年。在她短暫而燦爛的生命中，留下許多膾炙人口的作品，除了《時時刻刻》中刻劃的戴洛威夫人（小說《戴洛威夫人》的原名就叫做《時時刻刻》）、《歐蘭朵》、《自己的房間》。七十餘年來，她的作品不僅成為後人創作的靈感來源，也在英國的文化生活中留下處處痕跡。著名的瑪莎超市（Marks & Spencer）曾推出一款購物袋，便印上她的名言，告訴大眾吃得好的重要性：「一個人要是吃得不好，就沒辦法好好思考，好好愛，好好睡覺。」（One cannot think well, love well, sleep well, if one has not dined well.）

　　2014 年，倫敦的國家肖像館展出「吳爾芙：藝術，人生，眼界」（Virginia Woolf: Art, Life and Vision），展出吳爾芙留下的日記、信件等，讓人一窺在意識流作品背後，這位作家的人生軌跡。最吸引人的展品之一，是她的姐姐凡妮莎・貝爾（Vanessa Bell）為維吉尼亞所繪的畫像。展覽中，想讓人一探究竟的，還有吳爾芙與身邊的知識份子間的來往交流。

　　「布倫斯博理文團」（Bloomsbury Group）是一個由文人、藝術家與學者組成的團體，核心成員包括小說家維吉

尼亞‧吳爾芙、畫家凡妮莎‧貝爾、經濟學家凱因斯（John Maynard Keynes）、藝評羅傑‧弗萊（Roger Fry）等人。布倫斯博理（Bloomsbury）位在倫敦大學總部與大英博物館一帶，在二十世紀初期，這群文人雅士每週固定聚會討論哲學藝術與政治，如今費茲洛伊廣場29號（29 Fitzroy Square）上仍高掛紀念藍牌，說明吳爾芙曾短暫寄居於此（而當時屋主是作家蕭伯納）。

從現在的角度看來，這費茲洛伊廣場29號往來的都是一時鴻儒，各自都對藝術、文學、學術領域留下深遠影響，若能穿越時空，到他們聚會的客廳中旁聽精彩言論，該是相當奇妙的經驗。

BBC在2015年時推出描繪這群人生活的迷你劇集《廣場人生》（Life in Squares），劇情以吳爾芙與她姐姐凡妮莎為主軸開展，刻劃成員中的愛情與人際關係。故事一開始，凡妮莎與維吉尼亞在送走家裡的客人後，把束胸解開，從窗戶往街上丟，似是象徵丟掉了維多利亞時代的束縛；或也可代表這群人不僅在智性、文學、藝術上的解放，以及他們之間對於婚姻及伴侶關係的開放性。

這群文人，師從劍橋哲學大家摩爾（G.E. Moore），根據甫過世哲學家湯姆‧雷根（Tom Regan）的研究，摩爾的《倫理學原理》（*Principia Ethica*）可說是「布倫斯博理聖經」（Bloomsbury Bible）。在這本著作中，摩爾展現了「倫理學的語言轉向」，主張事實知識無法推導出道德知識，以及「善」的不可定義性。

　　很粗略地說，如果「善」可以用任何自然性質定義，比如有哲學家主張若某事為善，等同於某事令人愉悅，那最後邏輯上會導出「令人愉悅即為令人愉悅」這種套套邏輯語句，講了等於沒講。想必這絕非其本意，善一定有比令人愉悅更多的某種「什麼」。而不管主張善是什麼，最後都會有相同的問題，因此摩爾進一步主張，「善」是無法定義、不可分析的「基本單位」，只能從直覺中獲得。在《倫理學原理》末了，摩爾主張友誼、藝術、自然是深具價值的善，而這論點受到布倫斯博理成員立頓‧史崔奇（Lytton Strachey）與凱因斯的熱烈擁護，成了新的道德圭臬。

　　受此觀點影響，他們逐漸擺脫維多利亞時期禮教的禁錮，對成員們來說，生命中最值得追尋的並非安穩的生活或合宜的舉止，而是忠於真實的自我與藝術。凡妮莎與文團中成員克萊夫‧貝爾（Clive Bell）結婚並育有兩子，婚後各有愛人，雖然之後分居，卻一直沒有正式離婚。凡妮莎迷戀同性戀畫家鄧肯‧葛蘭特（Duncan Grant），最後與他產下一女安潔利卡（Angelica），克萊夫仍視如己出。安潔利卡長大後，則與鄧肯的昔日情人大衛‧賈奈特（David Garnett）結婚。

　　成員的故事有結婚、婚外情、老少戀，還有當時在英國仍屬犯罪行為的同性戀，其中的糾纏比《玫瑰瞳鈴眼》還複雜，聽起來就像是「不知道怎麼教小孩」的故事，可確是真人真事。就有後人嘲諷他們：「圍成一圈清議、在方正廣場生活、談著三角戀愛。」（They talked in circles, lived in squares, loved in triangles.）

儘管關係複雜，這群人到老，仍舊時常往來。相較之下，吳爾芙一直為躁鬱症所苦，他的丈夫連納德（Leonard）仍不離不棄，擔起照護者的角色。儘管身為公務員的連納德並不如其他成員那般浪漫具戲劇性，卻成了吳爾芙的支柱，兩人並未生育，卻也忠誠地相知相守直到吳爾夫自殺過世。受到妻子影響，連納德後來也成為作家，投身出版業，並成為皇家文學學會的院士。

　　在《廣場人生》影集結尾，凡妮莎與鄧肯合力為教堂創作一幅耶穌降生畫，此時吳爾芙已經過世，凡妮莎的兒子朱利安（Julian）也因為投入西班牙內戰而犧牲生命。劇中安排女兒安潔利卡來訪，聊到婚姻，凡妮莎說：「我妹老是說我跟鄧肯之間是『左撇子婚姻』（意指與多數人大不相同），我在畫畫時就想，這不就跟聖母瑪麗亞一樣嗎？她跟約瑟，包容彼此，在教堂裡說這種話好像很不敬。」

　　安潔利卡笑稱：「放心，我不會跟主教告密的。」

　　凡妮莎回答：「至少我們也是這樣走過來了。」

　　安潔利卡則回道：「你們所達成的遠遠不止於此，你們倆讓這群人這樣的生活成真。」

　　曾聽說一則台北租屋奇遇記，年輕女子去看房，帶著看房的太太嘴裡叨唸大小事，而她只記得掉出脈絡的一句話：「世界上真的是神仙眷侶的夫妻，跟那種真的反目成仇的，大概只有百分之十，剩下的夫妻就是這樣差不多差不多過一輩子。」這段話反而成了那次訪屋唯一殘存的記憶。年輕女子房子後來沒租成，只是每隔一段時間她都會想起這段對話，

想從周邊的有限經驗中驗證是否為真。對一個既單身又沒有對象的女子,説這話難道是勸人不要太挑剔?

怎麼説,吳爾芙這幫人的婚姻和愛情絕對不是「差不多差不多過一輩子」的那種。越是深入了解他們的故事,就會覺得凡妮莎與維吉尼亞兩姐妹對「過一輩子」的理解截然不同,外人也無法妄言孰優孰劣,這更展現了家庭與關係的樣態有無窮無盡的可能性。有些關係名之為家,名之為愛,可是我們都看過或親身經歷其中的不堪或傷害。對我來説,家庭是無論發生什麼事,最終依然可以給彼此愛與包容的地方,這也是凡妮莎所謂的「走過來」。再回到吳爾芙的遺言,我逐漸開始理解兩人深刻的愛與信任,吳爾芙自殺後,由於她的名氣,有人投書報社,暗暗指責她的懦弱,沒有在大戰來臨時「共體時艱撐下去」,連納德也持續為她辯護,表示她的心智已被疾病消磨殆盡。

在這些不足為外人道的真摯中,或許從來就沒有人有資格輕易論斷別人的感情,況且,若是我們對於家庭與關係的想像能再更開闊一些,或許「左撇子婚姻」的辛苦會再少一些吧。

圖靈測試 Turing Test ——————— A

不管怎麼看，艾倫·圖靈（Alan Turing）幾乎可以說是大不列顛的天才菁英：老爸是外派高階公務員，外公是南印度鐵道的首席工程師；生於倫敦，在英格蘭南邊郊區長大，讀知名的獨立中學，靠優異的頭腦進到劍橋，22 歲取得研究職（fellow），25 歲在美國普林斯頓拿到博士；二戰時破解了幾乎無法破解的德軍密碼機 Enigma，歷史學家認為此舉縮短二戰時程，戰後他發表了幾篇論文，都深刻影響數個不同的學術領域，最為人所知的就是對於計算機理論與人工智慧的貢獻。

然而，這位天之驕子卻有個不太方便的事實：他是同性戀，在當時的英國，光同性戀這事就可以被判刑，罪名是 gross indecency between men，大約是妨害風化或猥褻之意。他在 1952 年被發現並判刑，在入獄服刑與賀爾蒙治療之間他選了後者，但也因此產生男胸女乳症等後遺症。另外也因此研究經費被撤，為情報單位的安全許可也被取消。1954 年 6 月，他被發現陳屍家中，死因是氰化物中毒，當時身邊有顆被咬過的蘋果，警方最後以自殺結案，儘管有些不一樣的說法認為是意外，但他的傳記作家仍認為自殺是比較合理的推論，當時他年僅四十一歲。

圖靈測試（Turing Test）是由他所發表的經典論文得名，該篇論文在討論「機器能否思考」，圖靈認為這個問題難以定義，因此轉而問「能不能想像出一種數位計算機可通過模

仿遊戲的測驗？」並主張這個問題可以具體操作。所謂模仿遊戲（Imitation Game），是指一個質詢者接收來自另一個房間的文字訊息，一個來源為電腦，一個來源為真人，若裁判無法區分哪個是電腦，哪個是真人，則電腦就通過了這個測試。2014 年 6 月在英國皇家學會舉辦的圖靈測試中，主辦者判定一名為尤金‧古茲曼（Eugene Goostman）的程式通過測試，在與三十名裁判五分鐘的線上閒聊中，讓十位裁判認為「它」是真人。

　　電影《模仿遊戲》也由此發想，用偵訊者的嘴巴問圖靈：「機器能思考嗎？」圖靈回答：「這是個笨問題，機器當然不能像人一樣思考，機器跟人不一樣，因此它們不能像人一樣思考。但有趣的問題是，就因為跟你想的方式不一樣，這是否代表它沒有在思考？所以我們也不能接受人與人間的巨大差異嗎？你喜歡草莓，我討厭溜冰，你會為悲傷的電影流淚，我對花粉過敏。如果不是我們大腦運作方式不同，思考方式迥異，那麼不同的品味與偏好究竟有什麼意義？那麼，如果我們可以據此推論人與人之間的不同，那麼我們可不可以也說，用一堆銅線鋼架做成的大腦也是同樣的道理？」

　　這樣的說明或許也是種自白，圖靈在戰時曾短暫與數學家瓊恩‧克拉克（Joan Clarke）訂婚，甚至見了父母，也對她表明了自己的性傾向。更驚人的是，克拉克並未退卻，也同意沒有浪漫愛的心靈伴侶關係，但最後圖靈還是決定放手。在保守的年代裡，與眾不同一向是種原罪，不管是圖靈，或是克拉克，或是他們倆的關係皆然。還好天才的燦爛不會被

遺忘，2009 年英國政府正式對於當年對圖靈的不當處置致歉，去年皇室也發表了道歉聲明。歷史不能重來，若非圖靈英年早逝，現在人工智慧的發展也許會更加先進。

回過頭來看，圖靈給我們的另一項測試其實是針對質詢者本身：我們總是黨同伐異，急於區分誰是同類，誰是異類，也理所當然地「非我族類，其心必異」。對質詢者來說，如果沒有辦法辨識對面房間中坐的，究竟是個人還是台電腦，那我們有資格說那台電腦「非我族類」嗎？而更急切的問題是，我們真的有資格因為種族、性向、性別或宗教等等身分認同，就給予不同的對待或處置嗎？這麼說來，圖靈過世後六十年，身為質詢者的我們，通過這項測試了嗎？

斯特內斯再會 ————————————
Farewell to Stromness

我的電腦裡有個「論文寫作播放清單」，裡頭是許多首喜歡的古典音樂作品，室友說每次聽到我放莫札特的 D 大調雙鋼琴奏鳴曲 K448，就知道我開始工作了。不過他也問我，會不會日後我一聽到這首曲子，就會自動連結痛苦的痾論文時光，然後再也不想聽到？聽起來這可能是另類的帕夫洛夫狗，只是制約反應並不是有食物吃，而是痛苦的回憶。

昨天傳來英國作曲家彼得‧馬克斯韋爾‧戴維斯（Peter Maxwell Davies）逝世的消息，有一點訝異一點傷感。我的清單中的其中一首，正是他的作品〈斯特內斯再會〉（Farewell to Stromness）。這首小曲子也在 2011 威廉與凱特的皇家婚禮中播放，曾經是 BBC Radio 3 古典台的熱門曲子，因為聽到很多次，也很喜歡，才找出曲名，後來甚至買了收錄此曲的 CD 來收聽。這首曲子是他的鋼琴曲作品〈黃色蛋糕秀〉（The Yellow Cake Revue）的其中一首，常被拿出來獨立演奏，除了原本的鋼琴版本之外，也曾改編成吉他版本。

這首曲子其實有個背景：1980 年代，蘇格蘭的事務大臣委託一項研究，針對在斯特內斯小鎮附近開採鈾礦的提案作評估。然而當地居民、所在地歐克尼（Orkney）地方政府反對，研究報告也做出不建議開採的意見，這些反對的聲音也讓事務大臣決定駁回開礦的提案。儘管如此，開發鈾礦的企圖並未止息。而曲子題名〈黃色蛋糕〉，指的正是鈾礦濃縮後的利用的過渡型態（想像中是壓得很像黃色的起司蛋糕吧？）總之我還蠻喜歡這個故事的，讓人感覺到作曲家對於土地和環境的關懷。

而戴維斯的一生也相當精彩，早早便立定志向要當作曲家，在 1970 年代移居蘇格蘭的歐克尼群島，住在一間沒接水電的小屋子裡（cottage）。他也曾與許多知名交響樂團合作。在 2004 年受封成為女王御用作曲家（Master of the Queen's Music），地位等同於音樂界的桂冠詩人。一般是在重要的皇室事件時作曲，是相當重要的榮譽。曾擔任此職位的還有艾爾加爵士（寫《威風凜凜進行曲》的那位）。

不過，戴維斯早期的作品也不總是受到歡迎，噓聲四起也是常有的事。在 BBC 的訃聞中特別提到，1969 年在逍遙

音樂會上，首演他的作品《頌歌》（Worldes Blis），許多觀眾覺得不喜歡而中途離席。為了「復仇」，戴維斯淘氣地在第二場演出前對外宣稱把曲子修改過了，而樂評則說，修改過的版本進步不少。事實上，他根本一個音符也沒動。（可以這樣的嗎？）

室友說 2014 年 BBC 逍遙音樂會曾以他的作品為主題舉辦專場，紀念他的八十大壽，頓覺人生真的很奇妙。當年不喜歡他曲子的人，可能也想不到他會成為女王的御用作曲家，當年首演《頌歌》時噓聲四起的觀眾，大概沒料到未來逍遙音樂會還會向他致敬。

謝謝你，彼得·馬克斯韋爾·戴維斯爵士。永別了。

別憤怒回望
Don't Look Back in Anger

昨天迷迷糊糊半夜醒來，發現臉書通知倫敦有攻擊事件，地點是以前常常出沒的倫敦橋一帶，看著常常搭公車、轉車的車站，深夜看完戲坐公車回家的街道被警方封鎖，還是忍不住揪心。這是三個月以來第三起發生在英國的恐怖攻擊事件，究竟會對英國造成什麼影響呢？一時間還沒辦法想清楚頭緒。

在曼城事件後有次群眾聚集的場合中，眾人唱起綠洲合唱團的〈別憤怒回望〉（Don't Look Back in Anger），看著新聞，總覺得跟著唱這首歌，心頭總有一陣熱。一直想寫些

關於英搖（Britpop）的故事，畢竟那是青春期的我對於英國的想像來源。不過一方面其實有很多比我痴迷的樂友，不敢隨便造次。二方面真的讀了些東西，才發現其中恩怨糾葛錯綜複雜。名流興起、階級分野、政治幻滅、文化外銷，每個角度都可以寫出厚厚的論文。

僅僅是我有興趣的團，就可以發現各種愛恨情仇。以方說，聽綠洲合唱團不太可能不注意到他們的各種臭嘴。還記得當年買的專輯內頁裡有句話說「披頭四還不錯，但綠洲更屌。」當時就覺得這團真是囂張啊；從一開始跟布勒合唱團開始在媒體上互咬；再來是諾爾（Noel）跟連恩（Liam）的兄弟鬩牆，不要說論文，每個故事都跟芭樂劇一樣可以追個好幾集。

不過今天就講這一首歌就好。

諾爾曾在一部紀錄片的開頭說，這歌我實在沒做什麼，只是把它寫下來而已，讓它偉大的關鍵是你們（手指鏡頭）。如果稍微了解他的個性，大概會覺得這麼謙虛他大概吃錯藥了。1995 年演唱會前夕，諾爾忽然靈光閃現，哼彈出一些片段，他弟弟連恩問他：「你在唱什麼？」「隨便亂編的歌。」「你在唱 So Sally can wait？」「這聽起來不錯，就這麼決定了。」至於為什麼是莎莉，諾爾的回答是：「其實我不認識什麼叫莎莉的人，只是剛好填在那裡很搭，而且如果台下有個叫莎莉的，聽了一定起雞皮疙瘩吧。」那歌名總比較有意義吧？其實也還好，就是大衛鮑伊有首歌叫〈憤怒回望〉（Look Back in Anger）（跟英國新浪潮名劇同名但毫無關

係），綠洲受鮑伊影響甚深，所以就叫〈別憤怒回望〉（Don't Look Back in Anger）囉。

　　再仔細點看，歌詞裡有幾句話總饒富深意：「我在床上掀起一場革命，你說我現在的腦袋跑進了我的頭殼裡。」（So I start a revolution from my bed, 'cause you said the brains I had went to my head.）然而這也是「致敬」來的，靈感來源是約翰・藍儂。另一項「致敬」則是歌開頭的鋼琴前奏，跟約翰・藍儂的〈想像〉（Imagine）有 87 分像。諾爾很大方地說：「如果哪一天有小朋友讀了訪談，好奇〈想像〉是什麼神曲買來聽，不也很好嗎？」最後的最後，諾爾說這首歌是嗑藥以後寫的，所以他也不太清楚整首歌真正的意思。

　　或許諾爾是對的，一首東拼西湊的歌，為何每聽必流淚，無限重播，想必讓它偉大的關鍵一定是因為聽的人，不斷賦予它新的意義，把自己的人生滋味投入其中。2017 年 5 月 25 日，曼徹斯特恐攻的默哀後有人自發性的開始唱這首歌，起頭的女人告訴衛報記者：「我愛曼徹斯特，綠洲是我童年的一部分，別憤怒回望真是一語道盡我們的心情：我們沒辦法一直看著過去，我們要期待未來。」

　　我聽見你說，別憤怒回望，至少別在今天。

A ──────── 行銷《彌賽亞》Selling Messiah

1753 年韓德爾時代的棄嬰收容院，目前已改建。Coloured engraving after L. P. Boitard, The Foundling Hospital, Holborn, London: a bird's-eye view of the courtyard- CC BY 4.0

　　前一本書《倫敦腔》中曾寫過棄嬰收容院（Foundling Hospital）的故事。彌賽亞募款音樂會，則是一段棄嬰收容院如何與彌賽亞音樂會相互拉抬，鹹魚翻身的故事。

　　在棄嬰收容院成立後，財務狀況仍十分窘迫，創辦人湯瑪斯・柯倫（Thomas Coram）的名畫家好友威廉・霍加斯（William Hogarth）決定畫幾幅畫掛在育幼院中，這個神來之筆讓當時的王宮貴族、潮男潮女把育幼院當成觀光勝地，看畫之餘還可以看到唱歌跳舞的孩子，從而慷慨解囊。從現在的角度看，這種貧民窟探奇（slumming）似乎不是件特別

值得鼓勵的事，畢竟有錢人只是圖個新鮮，或搏個美名，並非真正關心那些小孩過得怎樣。無論如何，這仍然紓解了育幼院的財務困難。

　　那韓德爾又是如何拿彌賽亞（Messiah）來贊助收容院呢？韓德爾從德國移居英國後，引進義大利舶來品歌劇，廣受貴族歡迎，用音樂才能為自己賺進大把鈔票，過著逸樂的生活。但風水輪流轉，貴族的口味逐漸改變，當義大利歌劇退流行後，韓德爾開始思考要如何轉型，他想到的是把聖經故事跟歌劇摻在一起做瀨尿牛丸，稱為「聖樂」或「神劇」（oratorio），果然重獲青睞。

　　然而宗教界人士議論紛紛，因為歌劇在當時是種浮誇、芭樂、灑狗血的音樂形式，用這種方式講聖經故事著實有些不敬。另外「戲子」在當時也不是個值得尊重的行業，如果真的要講聖經故事的話，神職人員當然是比較合適的人選。這樣的衝突在 1753 年柯芬園劇院《彌賽亞》的倫敦首演達到高潮，不僅換了名字，音樂內容也做了改動，這仍然沒有增加這部作品的吸引力，不但之後的演出場次減半，隔年更是完全被冷凍，雪上加霜的是，作詞者也覺得韓德爾的曲子「不能表達詞意的高妙」，看來韓德爾是完全黑掉了。

　　此時，棄嬰收容院亟需資金挹注，而韓德爾需要一個「不會褻瀆宗教」的場地。還有什麼地方比收容院的教堂更適合表演呢？1749 年，韓德爾向收容院提議舉辦慈善音樂會，這次他小心多了，先擺上用箴言譜寫的音樂，說明這是為了支持收容院的慈善之舉，最後才放上彌賽亞中的哈雷路亞。這

種策略果然奏效，一炮而紅。隔年他推出全本彌賽亞便一票難求，許多貴族完全不得其門而入。一直到 1759 年他過世之前，每年都在收容院教堂中舉辦慈善音樂會。過世之後，他也留下了樂譜，讓收容院可以維持這項傳統，原稿可以在收容院博物館看到。

　　用現在的角度來看，這根本可以說是藝文社會企業的雛形：既賺錢又做好事，一兼兩顧。但回頭看故事曲折的過程，就可以知道「行善」本身是非常複雜的，其中既夾雜了私人動機，又必須思考行動的後果，更得顧慮如何讓組織或個人存活下去。這麼說來，若真心想讓這種形式的善舉開花結果，或許也必須時時意識到這種複雜，才不致於神化（或妖魔化）這些努力。

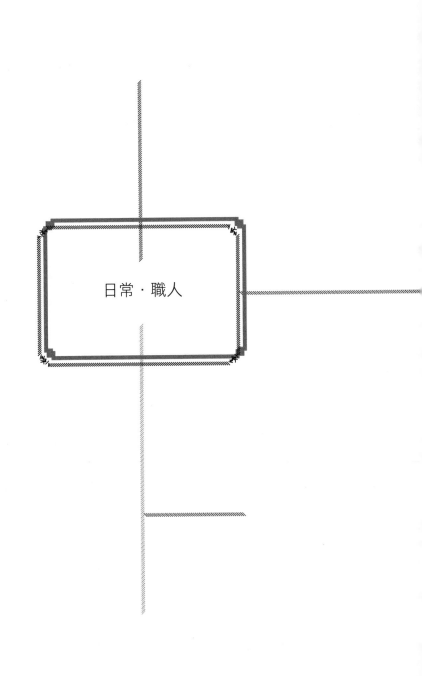

日常・職人

家事清潔指南
Good Housekeeping Institute

對於許多人來
說，每日工作、
通勤、搞小孩就
夠累了，還需要
遵守定期清潔項
目！ Photography_
Jennifer Murray-
CC BY 4.0

　　「家政學會」（Good Housekeeping Institute）源自美國，
發行《家事清潔》（*Good Housekeeping*）雜誌，內容包括
產品評比、食譜、家事秘訣等。歷史悠久、影響力大，如果
獲得雜誌推薦，因為雜誌公信度高，將這項榮譽貼在產品上，
也會影響消費者的選擇。

　　家政學會先前公佈了一項「定期清潔指南」，列出每日、
每週、每月、每半年、每年定期該做的家事，以維持家中整
潔。例如，每天要鋪床、刷馬桶、洗碗、整理垃圾並把該洗
的衣服放進籃子裡；每週拖一次地板；每三到六個月整理冷
凍庫；每年掃一次煙囪等等。其實看起來還算合理，例如對
於有些還有著壁爐的家庭來說，每年固定清掃也是維持居家
安全的一環；如果是使用暖氣的家庭，那麼定期請工程師來

檢修熱水器也是必要的。畢竟不管是在台灣的夏天沒有冷氣，或是在英國的冬天沒有暖氣，都是很令人崩潰的事。

不過，人生就是有很多罷特，對於許多人來說，每日工作通勤搞小孩就夠累了，能記得刷牙洗臉就不錯啦，對於家務可能只能「啊哈～去吧～沒什麼了不起～～」日日上演「出淤泥而不染」，從亂成一團的家中整齊踏出門的戲碼。《衛報》的專欄記者便以輕鬆的口氣，寫下她認為這些「定期清潔指南」實際上應該有的項目：

每天：確定小孩有在呼吸。

每週：啟動洗碗機，叫某人去洗衣服，然後在淋浴
　　　時順便洗一下緊急備用的內褲。

每月：賺足夠的錢付帳單。

每三至六個月：把兩年前就壞掉的東西修理好。

每年：付足以買一台新烤箱的價錢，請人來清理烤箱。
　　　如果還有別的東西需要幹嘛，那就搬家吧！

原本不明所以，或是一笑置之，然而為人父母之後再看，忍不住心有戚戚焉。網路上有著教人時間管理技巧的文章，把待辦事項分為「緊急且重要、緊急但不重要、重要但不緊急、不緊急也不重要」四類，當然理想狀況是依照這個原則行動，獲得井然有序、條理分明的生活。不過知易行難是人之常情，至於打掃嘛收拾啊這種事，反正下一秒就會被小孩弄亂了，何必堅持要當薛西佛斯呢？

A ———————————— 不正常的正常，關於囤物狂
Hoarder

堆滿雜物的家，
清潔前後是不
是差很多呢？
Photography_
Hoarder-Property-
CC BY 2.0

　　這標題有兩種可能解釋，其一是「不正常」的正常，其二是「不正常的」正常。用英文說不定會比較清楚：前者是 the normality to be abnormal，後者是 the abnormality to be normal。看起來好像在繞口令，不過這是看了一部關於囤物癖的紀錄片之後的感想。

　　一兩年前台灣陸續出了幾本關於家務整理的書，向來對此苦手的我很感興趣，買回來讀也稍加實踐，的確有變清爽一點，但讀的過程中總有說不上的不對勁。最近 BBC 播出的紀錄片叫「英國最嚴重的囤物癖」(Britain's Biggest Hoarders)，本以為也是類似的 how-to 系列，實際看了之後非常感動，還暗自流了幾滴眼淚。

　　其實拍法非常平淡：主持人的媽媽有囤物癖，因此主持

人深刻理解其中的痛苦，第一集中找了一個八十七歲的拾荒老人，跟一個患有憂鬱症住在社會住宅的媽媽，希望能透過節目的資源來幫助他們。相對於某些旅遊生活頻道節目的獵奇式拍法（吃電燈泡的、戀物癖的等等），節目的進行異常緩慢，拾荒老人花了好幾個禮拜，還是沒辦法把走廊清出一條路，甚至到節目結束，都沒看到她開始丟東西；憂鬱症媽媽有些進展，跟女兒的衝突與心結也逐漸解開，但未來還有很長一段路要走。

我的第一個反應是，為什麼媒體肯花那麼多資源在這看似無趣的主題，主持人花了好幾個禮拜取得案主信任，然後直到節目結束都沒有充滿戲劇張力的大變身、大改造或相擁而泣。然而耐著性子看完，卻發現也許這才是真正的同理心，即使無法認同，主持人沒有責備案主為何囤積，沒有逼迫案主應該要這樣那樣，而是試著了解案主這麼做的真正原因，以及無法改變的心理障礙。

最讓我感動的一幕是，主持人回媽媽家過聖誕節，她讚美媽媽這是長久以來第一次能好好過節，媽媽回答說：「我還是沒有辦法完全正常。」她想也不想地說：「誰會想要當正常人？」然後給媽媽一個大大的擁抱，對我來說那是完全接納的表徵。

回想當初閱讀的不對勁，似乎是來自相對嚴厲的規訓，也許是我過度解讀，但我總覺得書中不斷強調囤物是不對的，心態是可議的，後果是可怕的。雖然作為工具書非常有用，但對我來說卻忽略了對於不同生活樣態的包容與想像。這麼

説來，這些書也許只是具體而微展現了台灣這個號稱寬容社會的不寬容。只要大家跟我們都一樣，我們就很有人情味，這種對於「正常」近乎偏執的追求，是否有點不正常？我期待一個以「不正常」為正常的社會，在盡可能不影響到別人權益的前提下，會不會比較適合安身立命？

　　仔細想，我們對於正常的追求幾乎已經內化到難以察覺的地步，正常必須靠「異常」的概念才能運作，因此唯有藉由與別人比較才可能持續。從出生開始，我們彷彿進入一場全國正常大賽：幾個月會爬？幾歲會說話？有沒有雙語？會不會叫人？別誤會，這些的確是有必要關心的事情，問題在於我們把正常限縮在非常狹小的標準差裡。餵母奶很好，所以我們認為餵母奶是正常的，為了保持正常的規範性，如果餵配方奶的媽媽似乎就會受到譴責的眼光；博愛座很好，但如果在一秒內沒有跳起來讓座，就會遭受各方的非難。

　　更可怕的是，有些「正常」甚至是想像出來的正常，現實中幾乎難以達成。比方說對於女性的要求有可能是這樣的：念書的時候不要交男朋友，會影響學業；婚前要檢點，否則不守婦道；一出社會最好就有男朋友，不然老了沒人要；有了男朋友最好趕快結婚，不然交往半天沒有結婚很「可惜」；真的「太老了」趕快去相親，不然孤單一生怎麼辦。如果把這些「正常」全都加在一起，「不正常」的肯定要比正常的多出許多，這時候是否該說不正常其實才是正常的？

　　如此說來，我們社會對於「不正常」是非常不寬容的，不只是主流社會，我也常看到社運人士或學者因為沒讀到哪

本書，沒做到某件事，而被指責「不夠進步」、「沒有讀懂」。我們更常聽到的是「這件事『本來就應該』這樣做。」、「『正常』的XX就是怎樣。」這些語句中都蘊含了非常強的規範性。

　　如果台灣真要成為我們口中號稱的多元社會，是否應真正去接納人與人間的異質性，不全以效率、管理或秩序之名去抹煞其中的差別？當然還是要說，社會中的寬容一定是有界限的，只是台灣離那條線還非常非常遠。在我看來，其中一個原因也許就是我們都太注重正常，以致於最後切手切腳也把自己塞進餅乾模，最後就看不出任何差別了。

湖地生活雜貨店 Lakeland ———

有的地方不逛可惜，不過進去就很難有空手而回的機會了。但這種地方豈不是讓人充滿對生活的想像？Photography_rawpixel.com - CC0

　　先前曾經在網路上看過某部落格撰文，帶大家認識網購小物的奇蹟。網友洋洋灑灑地寫出各種「看似」匪夷所思，

位列雞肋等級的小物品，例如專門用來清理瓦斯爐開關的小海綿刷，或是晾乾橡膠家事手套的衣架。老實說，我向來以為這種很「給路」（台語）的小東西應該以日本為宗，誰曉得這在英國也買得到。

不過囂張沒有落魄的久，很快地在我邂逅這家廚具生活雜貨店湖地（Lakeland）後，頓覺相見恨晚，只恨口袋不夠深，不能把店裡的東西都買回家。顧名思義，湖地是一家總部設於英國湖區的廚房用品公司，創立於 1960 年代，一開始只是設計了用來裝雞以便利販售的塑膠袋，後來生意便越做越大，成為一家什麼都有什麼都賣什麼都不奇怪的企業。雖然它們有網路也有店面，不過湖地算是英國郵購的先驅。時至今日，顧客依舊可以收到一本型錄，有時伴隨有折價券。每回收到我總是會認真捧讀，看最近又出了什麼新東西，因為總想著「可能哪天會想買點什麼吧」，就算翻過，還是捨不得把它拿去回收。

離我們最近的門市是位於史塔福（Strartford）的西田（Westfield）購物商場中（不過因為這家店其實在倫敦東邊，朋友間常暱稱其為東田 Eastfield），每回經過都想說，進去逛逛吧，不過進去了就沒有空手出來的可能。比起常常也有小物的一鎊店，湖地賣的東西價格較高，但品質也值得信賴，還有顧客滿意保證。果然如朋友所言，湖地絕對是廚房的好朋友。不但各式收納一應俱全，想得到想不到的，這家店都幫你想好了。

我們買過「烤箱底部襯墊」，其實是一塊耐高溫可裁切

的材質，穩穩地在烤箱底部，承接那些烤炙過程中不慎滴落的油湯麵糊屑屑，只要拿起來抖抖，整片丟進洗碗機裡，它就又成了一條好墊，堪稱數年來最划算的投資。除此之外，有段時間我著迷於自製果醬，它也有各種大小的玻璃果醬罐、標籤、濾網、漏斗可買（但我沒那麼失心瘋，只買了罐子）。另外一個讓我們讚不絕口的產品，則是他們的加熱烘衣架。

　　不若台灣多半將衣服晾在陽台，在空間不足日照也不太足的倫敦，用室內晾衣架或是將衣服晾在窗簾桿上，是常見的做法。住蘇格蘭的朋友則有廚房頂上可降下的曬衣桿。室友初到倫敦，對於他的內衣褲曬在室內多日不乾，甚至有隱約霉味而大表挫折，對於小型掛在暖氣上的衣架也不甚滿意，明快決定投資一台除濕機來吹衣服。後來我們在朋友推薦下，趁特價入手可以加熱的室內曬衣架。比起烘衣機，加熱曬衣架的好處在於它以微溫將衣服加速烘乾，卻避免了一烘就縮了個尺寸的問題。冬天還能兼具提高室溫的功能，吾友說如果要發酵麵團，把鋼盆放在上面也剛好。果然是一兼二顧，摸蛤仔兼洗褲。

　　我沒用過傳說中「三機救婚姻」之一的洗脫烘三合一洗衣機（據說另外兩機是掃地機器人跟洗碗機），但我在想，在春雨、梅雨、午後雷陣雨以及颱風輪番上陣的台灣，如果進口加熱曬衣架，不知是否有市場呢？

網路生鮮超市 Ocado

只要按幾下，超市網路購物幫你免運費送到家，未來逛超市也許會成為復古的舉動。Photography_ Oleg Magni , CC0

　　某次出門採訪，跟我的受訪者提到，我已經兩三天沒出門了。她大驚，對於可以有人窩在家裡好幾天感到不可思議。當然，如果沒有英國眾多發達的電子商務服務，以及送牛奶、蔬果盒的服務，身為「阿蘭」的室友和我，也沒辦法如此安穩地待在家裡，等脖子上的大餅吃完，大概就得出門覓食了。

　　約莫是 2011 年到 2012 年前後，英國的各大超市開始推出網路服務，消費者可以選擇在網路上先選好、現場提貨的點選（Click & Collect），或是消費到一定額度後專人送貨到府，幾家大型超市紛紛祭出優惠券，身為懶人、小氣學生加主婦的綜合體，抱著「有錢當省直須省」與神農嘗草的心情，

幾乎每家超市的首購優惠都來上一回試用看看。幾次下來，比較了幾家服務，各有所長跟利弊，例如 S 家曾經送給我們當天就到期的魚蝦，變得短時間內就得把它們消化完，或是 W 超市曾經漏掉訂單，隔天才送來。有時候也會遇上訂的東西沒貨、也沒有替代品可以選擇的窘境，對於性子急的人來說，大概會覺得直接去超市買比較快吧。我對於這幾家超市網購沒什麼忠誠度，常常是誰給我優惠券我就訂誰，不過在眾家爭鳴之下，Ocado 算是異軍突起，服務和貨物品質讓我屢次回購的廠商。

　　室友總是暱稱 Ocado 為「歐多多」，對於超市離我們走路近二十分鐘，坐公車來回兩人得花六鎊的情況下，歐多多也成了我們的好朋友。尤其後來他們的 Smart pass 優惠，標榜期間內不限次數送貨免運費，每月會費從免費到六鎊不等，端看它所推出的優惠，以及妳想適用的送貨期間而定。最低消費則需達到四十英鎊門檻，對於家中人口多，或是需要買尿布奶粉的主婦而言，這並不難。網路下單後，只要在挑貨截止時間前，都還可以更改訂單，它們還貼心地推出手機 app，隨時隨地方便下訂單。送貨當天還會事先郵寄收據，不但列出生鮮類分別會在哪幾天過期，讓你好安排什麼先煮，還告訴你今天送貨來的是「草莓」「蘋果」還是「高麗菜」貨車，萬一臨時早到、晚到，他們也會先用手機通知，非常方便。收貨時依照存放方式，冷凍、冷藏、常溫物品會用不同顏色的塑膠袋包裝，司機還可幫忙提進廚房，我想這對於行動不便，或是有幼兒的媽媽來說，是很貼心的服務。偶爾

會出現蛋或罐頭送來時不小心碰破的情況，在 24 小時內都可以登入帳戶申請退費，還沒遇到過客服不給退的狀況。

　　某友對於超市網購不甚喜愛，覺得額外浪費塑膠袋，而且貨車開來開去還增加碳排放。關於這點，歐多多在英國開始徵收塑膠袋費用前，就則採以回收塑膠袋（並宣稱會回用）的方式進行，同時，在選定送貨時間時，還會告訴你同一時間該區域已有其他人下訂單，如果順便送你家就比較環保，這倒是無從證實。不過，與其他超市曾經發生的狀況相比，歐多多的確很優秀，室友每次都讚嘆地說，真想知道這公司背後的物流是怎麼安排計算的。尤其三不五時它還會寄來促銷，若你現在下單，某某時段送貨，會提供若干優惠，卻是在非常接近的時間內（譬如今天下單明天送之類的），偶爾會發現我收到促銷，住其他地區的朋友卻沒有，我們推測應該是希望衝高貨車送貨的效益，一台車開出來看能不能多送幾家。

　　Ocado 的興起，自然也引起媒體報導的興趣。相較於原本就有店面，兼作網購的超市如森寶利（Sainsbury's）、特易購、維羅斯（Waitrose，又譯等玫瑰）及阿斯達（ASDA），歐多多並沒有實體的分店，取而代之的則是一座巨大的出貨中心，裡頭是井然有序的輸送帶及各種不同顏色的箱子，上頭已經鋪好塑膠袋，讓送貨員能夠輕鬆提起。據說歐多多一天要處理超過一萬兩千筆訂單，而箱子外則貼好條碼，讓揀貨員可以有條不紊地將貨品放入其中。相對於超市中依照貨品類型各自擺放、規劃消費動線，揀貨中心則是依照「買了

A 的人，通常也買了 B」的邏輯置放物品，以減少揀貨員在過程中需要走動的距離。我猜想，就像買了茶包的人，通常也會買糖，在超市你可能要跑上兩個不同的貨架才能買到，而歐多多的貨架上，這兩者八成比鄰而居。如此創新的商業模式，也有不少紀錄片及影片進入採訪，讓人大開眼界。不過，雖然歐多多的顧客有逐年增長的趨勢，賣的商品也不算非常便宜，但這些建造系統、倉庫的成本想必也非常龐大，據說也花了很長的時間才開始獲利。

在創業初期，Ocado 選擇與維羅斯超市合作，販售維羅斯品牌的生鮮及食物，而且價格並沒有比在維羅斯超市買來得貴，但相較於特易購或是阿斯達，有時候品牌商品（brand product）「特惠比較不特」。然而在維羅斯超市開始經營自己的網購超市、Ocado 也考量合作關係有期限的情況下，Ocado 也推出自己的自有品牌，買過幾次，覺得不是每種都好，還是得仔細挑；它也標榜它們賣的品牌商品與特易購打價格戰（Price match），不會讓你貴到。面對琳琅滿目的商品，我覺得網頁底下的留言 review 區多半時候也有參考價值。某次學弟送我十全大補藥膳包，想拿來煮羊肉補補，正不知如何挑選，發現某塊羊肉部位雖然比較便宜，但是評價星數很低。好奇之下點入，發現好幾位留言的顧客說「肥肉太多了，害我把脂肪切掉之後就沒剩多少」，心中大喜，決定就是它了！肥一點的拿來燉湯不是比較好吃嗎？

Ⓐ ──────── 西敏橋 Westminster Bridge

在某些日子的下午一點，西敏橋上
三葉草雕花的一邊陰影將會拉長，
在西敏橋上留下一整排謎樣陰影。
Photography_ Dagenhamvic, Cropped
version of Shadow on Westminster
Bridge, CC0

　　1664 年 時，曾 有 人 提 議 興 建 西 敏 橋（Westminster
Bridge），不過顯然有違各大利益團體的既得利益，在種種運
作下當時國王查爾斯二世駁回了興建許可。一直到十八世紀
初，倫敦市中心渡河的選擇仍然相當有限。除了過度擁擠的
倫敦橋外，大概只剩擺渡人了。到了喬治二世在位時，西敏
橋終於獲准興建，而擺渡人則獲得為數可觀的補償金。第一
代西敏橋由瑞士建築師查爾斯・雷伯理（Charles Lablelye）
設計，備受讚譽。

　　然而到了 1832 年，舊倫敦橋垮下來時，由於泰晤士河受
到潮汐水位變化甚深，西敏橋的橋基也受到嚴重沖刷。到了
十九世紀中，終於由建築師查爾斯・貝瑞（Charles Barry）
與工程師湯瑪斯・佩吉（Thomas Page）重建。有別於傳統
出資方式，重建費用以樂透集資支付，國會共通過三次集資

許可，彩票每張五鎊，最後共募集了 110 萬鎊。這次的募資行動，在拘謹的維多利亞社會中獨樹一格，維多利亞時代的人認為樂透跟詐騙只有一線之隔，因此當時還有評論者把橋稱為「愚人橋」（Bridge of Fools），經歷各種波折後，新的西敏橋終於在 11 年後完工。

橋身的綠色，配合了當時新建的下議院椅子顏色；比較上游的蘭巴斯橋（Lambeth Bridge），則配合上議院的紅色。由於建築師貝瑞也參與了新國會的建築，西敏橋的哥德式造型和國會互相輝映。這一切種種精心設計，在這個哏圖先行的年代，都比不上柵欄上的三葉草雕花。沒有人知道貝瑞與佩吉是否有意為之，在某些日子的下午一點，如果日照角度正確，三葉草雕花的一邊陰影將會拉長，在西敏橋上留下一整排謎樣陰影。

某些部落格表示這是相當晚近的改建，但也有認真魔人考察改建前的照片，發現三葉草雕花很早就存在了，真不知道保守拘謹的維多利亞人走在西敏橋上看到時，是什麼樣的光景。有時路過看到，總會產生種種過度聯想，會不會是對國會中某些政治人物的精心嘲諷呢？如果是的話，那也只能對貝瑞與佩吉比個讚。

Ｗ ──────── 賀德出品 G.H. Hurt & Son

　　很久以前曾聽留學英國的老師說，在英國買東西，最貴的往往不是百貨公司品牌，而是小小舊舊不起眼的店面，手工做的東西，才真的不便宜。當時還不明所以，在倫敦幾年，認識一些歷史悠久的英國品牌後，才知此言不虛。

　　會知道賀德這家紡織品牌，其實也是拜皇室寶寶所賜。夏綠蒂公主出生，在醫院亮相時，身上蓋的就是這牌的包巾。身為皇室控，自然不會錯過媒體對小公主行頭的報導。雖然沒有失心瘋一下子就跑去買，卻也把這資訊收藏起來。直到那年有幾位朋友陸續生產，而且都是女兒，想說要送個「別的地方買不到」的東西才夠特別，這家包巾也才回到焦點中。

　　創立於諾丁漢，已有百年歷史的賀德公司（G.H. Hurt & Son），顧名思義是由創辦者賀德（George Henry Hurt, 1873-1934）邀請兒女加入家族企業，歷經四代，它目前也還是家族企業，並且保留了威廉・李（Rev. William Lee）所發明的紡織機，在工業革命扮演重要角色的紡織機，後來轉變為織蕾絲用途。為了紀念威廉・李的發明，賀德公司還有一款披肩以此為名，以圖案來紀念人類文明史上的重要發明。

　　知道這個品牌背後的歷史故事，實在非常合兩個資訊控的胃口，然而購買時並不曉得可以去哪裡摸摸實品，不知從何挑選，只好打客服專線詢問。一位非常客氣的女士聽到我說要送給住在溫暖有時炎熱地區的朋友，建議我買棉質的材質比較適合，而非夏綠蒂公主用的羊毛款。下單時，室友說

我們也來買一條給未來的孩子吧。

　　不過，自從懷孕之後，室友跟我常想的就是「什麼時候拿它出來用呢」，孩子出生四個月了，卻還沒用的理由，其實很簡單：當時我問那位女士，這包巾應該怎麼清潔啊，小寶寶不是會常常吐奶什麼的？女士回答它只能用非常輕柔的方式清洗，而且晾乾時要特別注意，以免變形，「它應該是寶寶最好的一件衣服，適合受洗等特殊場合」。是說孩子從出生後沒多久便溢奶，之後換流口水，可能都還不是適合用這條包巾的時機，不如，媽媽自己拿來當披肩吧......

全民編織運動 Knitting ──────────

以往需要老師在課堂上傳授的編織技巧，現在在 Youtube 頻道上收看，初學者可以無限次倒帶重來看個仔細，還可以在網站底下留言請教，讓編織蔚為風潮。Photography_ Rabid Crafter - Knitting, CC BY SA-2.0

　　前些日子看臉友分享一張照片，法國高鐵在耶誕節前贈送每位乘客小禮物，內有冰箱磁鐵一塊，一小捲白色毛線。冰箱磁鐵的功能容易理解，但給一小捲毛線做什麼呢？難道是鼓勵乘客在無可避免的誤點時打發時間用的嗎？看著圖片好奇上網查詢毛線品牌，猜想是毛線品牌與鐵路公司異業結

合，藉這機會做形象廣告，打開知名度。不得不說這是個聰明的做法，只是臉友的隨手拍照上傳，便有機會引來新顧客。

　　一掃以往織毛線是老奶奶專屬活動的形象，新世代的網路毛線品牌如 We Are Knitters，或是英國的 Wool and the Gang，便企圖把打毛線這件事變得新潮。不僅把棒針重新設計成吸睛的流線型，還販售配好的毛線棒針組，讓享受手織的愛好者可以自己動手，如果真的沒耐心，也有現成的商品可買，只是價格不斐。在倫敦鬧區的約翰路易斯百貨還有大坪數櫃位擺設各式毛線工具，到了秋冬還開設免費課程，歡迎同好加入試試新創意。

　　曾經在物質缺乏的年代，女紅及編織常被認為是家政重要的一環，自製毛衣可以量身，若穿不下了還可配線加大，物盡其用。編織在英國歷史悠久，販售編織物亦曾是某些地區的經濟活動之一，一些還發展出具當地特色的圖樣，例如以蘇格蘭的費爾島命名的 Fair Isle 花紋，便常使用在毛衣上。在英國擁有百年歷史的「婦女聯盟」（Women's Institute, The WI）不僅提供各式點子，還有同名品牌毛線可供購買。在戰爭時，編織更被視為是愛國心的展現，婦女聯盟也鼓勵民眾一起來編織，喊出口號：「如果你能編織，就能盡一份心力。」（If You Can Knit — You Can Do Your Bit.）

　　在英國，曾被希特勒稱為「歐洲最危險的女人」──喬治六世的皇后伊莉莎白（即後來的王母太后）還曾在白金漢宮舉辦每週定期編織聚會，帶頭行動。坊間不但有為了戰場上的需求特別設計的織圖免費分送，還有毛線廠商為陸海空

軍特別生產不同顏色毛線，如卡其、海軍藍等等。全民編織的運動，不僅可以舒緩平民的焦慮情緒，在一針上針兩針下針的手作間帶來心靈平靜，成品也可送往前線，讓戰士禦寒。倫敦的維多利亞與亞伯特博物館（Victoria and Albert Museum, V&A）收藏這些 1940 年代的織圖，也放在網站上，讓有興趣的挑戰復古織品的民眾下載。

然而隨著戰後成衣業發達，成衣織品逐漸成為人人可負擔的品項，快時尚潮起潮落，買線自織未必省時省心，為什麼毛線編織依舊有其魅力，還能在承平時代成為創業點子？編織從未在日常生活裡消失，只是從必備必學技能，成為一種手工藝「嗜好」。讓人意外的是，近幾年來，編織忽然變「潮」了，名流和年輕男女拿起棒針毛線的越來越多，甚至還有「編織是新的瑜珈」這樣的說法出現，提倡編織有助於人們冷靜。

英國《衛報》曾在 2011 年專文探討這趨勢從何而來，還提出 Google 數據佐證，在文章見報前的 12 個月，以「編織」或「初學者編織」為關鍵字搜尋的次數大幅上揚，約翰路易斯百貨的編織材料銷售額也顯著提升。文中指出，傳統媒體製播相關節目，或是有商品廣告運用織品發想創意，是原因之一；但我認為《衛報》文中提到社群媒體的力量，遠比傳統媒體更為強大。以往需要老師在課堂上傳授的編織技巧，現在可以跨越空間距離，在 Youtube 頻道上收看，針怎麼穿線怎麼繞，初學者可以無限次倒帶重來看個仔細，還可以在網站底下留言請教。這讓學習編織的門檻大幅降低。著

名的編織社群網站 Ravelry 不僅有各式織圖，還讓使用者可以詳細紀錄自己做過的作品、上傳成品照片，促進同好相互交流。

隨著編織成為潮活動，發掘品質優良、價格合理的毛線也成為愛好者的課題。若想尋找高品質的羊毛線，對英國人來說，是不假外求的事。位在英格蘭東北的約克夏，便是羊毛業的重鎮。英國本地有六十多種綿羊，生產多種毛料，除了作成毛線，還可供足球、地毯之用。對編織者來說，想找物美價廉的好毛線亦不難，自己動手打出一件可以丟洗衣機洗的毛衣，材料費可以花不到三十英鎊，然而從中獲得的成就感，無價。

除此之外，外在世界的變動，也是編織回到人們手中的原因。例如經濟上的衰退，使得人們必須縮減娛樂支出，相較之下，便可能考慮成本較低的手工藝作為消遣。另外，隨著工作型態的轉變，多數人的工作如金融、服務業，並未真的產出「產品」，而是提供服務，這也促使人們想真的「做出東西」。

網路發達一方面促使編織資訊傳遞，另一方面，越來越多的使用者在發覺自己花太多時間上網後，會想要與離線的真實世界有些連結。編織這項獨也樂樂眾也樂樂的活動，便提供了同好者聚在一起的機會。想想，在天氣不好，陰雨連綿的日子，能一群人聚在一起邊喝茶吃餅乾邊打毛線，不也是挺愜意的嗎？無怪乎在倫敦還能找到在圖書館裡固定舉辦的編織俱樂部，一位有意拾起棒針的朋友，在經過家附近的

圖書館時，看到張貼著的聚會訊息，便找了時間加入。或許是因為外表看來頗為年輕，這位朋友還被聚會中的夥伴問：「妳媽媽知道妳來這裡嗎？」

　　除了獨樂眾樂，編織還成了「把愛傳出去」的工具。創辦於英國的果昔飲品廠牌 Innocent，自 2003 年起，開始一項「大編織」（The Big Knit）計畫，向大眾募集用棒針或鉤針編織的小帽子，套在小瓶裝的 Innocent 果昔上，每賣出一瓶戴帽子的果昔，廠商便捐出 25 便士（目前約合新台幣 10 元）給英國的慈善機構 Age UK，協助有困難的長者度過冬天。這些募得的款項可用來維護支援熱線，讓不知有誰可以伸出援手的老年人，得以獲得幫助；或是在寒流來襲時，提供免費的禦寒物品，讓年長者不致於失溫受凍。

　　「大編織」活動頁面上提供適合不同程度編織者參與的織圖，而歷年來都有各式可愛又造型獨具的帽子榮登「帽子名人堂」，成了每年秋冬刺激創意的活動。消費者把小帽子帶回家，除了可以當玩具外，還可以套在水煮蛋上保溫，避免它在冬天迅速涼掉。

　　或許有人會質疑：為什麼廠商不乾脆直接默默捐助慈善機構就好，非得繞這麼大一圈，還叫大眾自己出材料郵資幫他做公益？冬天搞不好原本就是果昔滯銷的季節，搞這種活動分明只是幫忙廠商做行銷。但從另一個角度看來，織小帽子除了讓編織者用掉家裡零碎的毛線外，也促進參與感，如同戰時的編織活動所帶來的正面效應；亦可能讓長者有機會從編織中得到樂趣，在募款過程中獲得主動性，而不只是受

助的一方。

　　藉由果昔作為媒介，讓民眾對相關議題有所認識，若藉此讓有興趣的人加入編織行列，未嘗不是一件好事。如果不會編織也不想喝果昔，直接捐款亦是一法。十多年來，「大編織」已經擴及到歐洲其他國家，除了英國之外，還與愛爾蘭、法國、德國瑞士等地的慈善機構合作，也成了冬天裡，超市冷藏櫃的可愛風景。

　　「學新東西」在你的新年新希望清單中嗎？或許拿起棒針和鉤針是個正流行的好選擇。

Ⓐ───────小布狂熱 Brompton Bicycle

布朗普頓自行車的設計雛形。Photography_ Alexander Baxevanis - One of the first Brompton bicycle prototypes, CC BY SA-2.0

　　如果有一天，你坐在長途巴士上，隔壁乘客與你相談甚歡，隨口提起他手上有間不賺錢的小公司也許需要像你這樣

的人才，你八成會以為遇上詐騙集團了吧。威爾・巴特勒－亞當斯（Will Butler-Adams）卻不這麼想，他真的去拜訪了那間公司，發現自己熱愛這間奇特小工廠的一切，雖然不確定自己該怎麼做，但他放棄申請著名商學院的念頭，接受這份工作，最後成為執行長，讓工廠的年營收從 170 萬英鎊在短短十二年間暴增到 2800 萬英鎊。

這是布朗普頓自行車（Brompton Bicycle）現任執行長巴特勒－亞當斯的奇幻旅程，這牌的摺疊式自行車被不少台灣車友暱稱為「小布」，是小折界的夢幻逸品。有陣子在倫敦需要坐火車通勤，常可以看到自行車騎士拎著摺好的小布等待下車，火車一靠站，就帥氣地展開小布呼嘯而去，我卻只能慢慢走向公車站，等著十五分鐘一班的公車到來。

雖然折起來精巧，騎起來有型，小布的代價卻也所費不貲，一台要價隨隨便便都是台幣七萬元起跳，所以它到底是在貴什麼？這也是美國記者布蘭登・葛里（Brendan Greeley）的疑惑，在紐約的自行車購物網站上，台灣製造的 Dahon 或 Tern 只要小布的三分之一價格，許多車友的首選依舊是小布。

葛里認為，車友對於小布幾近宗教的狂熱是它與其他競爭對手的最大區別：「你不只買了一輛小折，你還對此深信不疑。」（You don't just buy a Brompton; you buy into it.）

代價數萬元，它既可以當手提行李帶進機艙，抵達目的地以後又可以任意遨遊，你買的是它無限的可能性。使用者所得到的滿足顯然不只是幾萬元：歐美各地紛紛成立了布朗

普頓俱樂部（Brompton Club），週週一起騎著小布出遊，同好會堅定的程度令人讚嘆；有使用者則表示，在大雨中騎回家後，會先將小布擦乾，而不管自己全身濕透；日本消費者則是想辦法在配件上下功夫，打造屬於自己獨一無二的小布；在社群媒體 Instagram 上也有 #MyBrompton 的標籤記錄小布與使用者浪跡天涯的行旅，對它珍視與愛惜的程度，宛若是親密的家人。

然而，這近似宗教的狂熱又是從何而來？

布朗普頓自行車是由劍橋大學畢業的工程師安德魯·里奇（Andrew Ritchie）於 1975 年創立，名字源自里奇可以從自家公寓遠眺的布朗普頓聖堂（Brompton Oratory）。他設計出小布的原型後，原本打算將設計賣給當時英國最大的自行車製造商萊里（Raleigh Bicycle），結果吃了閉門羹，向銀行融資也遭到拒絕。最後跟親朋好友集資，自己開了間小工廠。

里奇是非常典型的阿宅工程師，對改善產品有無比的熱情，他說：「當時我們工廠裡有個蘇格蘭大塊頭，常常把腳踏車架坐壞，對於我們的品管超管用。」

可是相對的，他對於行銷就沒有那麼在行，幾乎不廣告。也不管是否真的符合商業利益，國外經銷商只要煩他夠久，就可以得到他的授權。他的經營哲學是：「把產品做好，只要產品夠忠實，人們就會口耳相傳。

這也難怪儘管品質優良，營收卻未見起色。巴特勒 - 亞當斯在 2002 年因著奇妙的機緣進入布朗普頓，到了 2008 年，里奇終於願意讓他放手一搏。雖然巴特勒 - 亞當斯本身

也是工程師，卻不像里奇那麼低調。他開始整頓工廠的動線與流程，大幅增加產量，並且開始加強行銷的力道，比方說在 2011 年推出皇室婚禮限量版小折。這些作法與里奇大相逕庭，當然也免不了當中的摩擦。

巴特勒-亞當斯表示里奇是個「傳奇人物」，卻也是「有建設性的麻煩鬼」。他經常無法認同巴特勒-亞當斯所做的決定，甚至會因此生氣，可以想見 2008 年放手對里奇來說是多麼困難的決定。甚至在退居二線後，他仍然每週進公司工作兩到三天。另外，他也有全公司最多的持股（20%）。

創業研究顯示，多數新創事業無法存活長於一定時間，原因是組織成長到不同階段，需要不同的技能組合。然而，這些技能組合互相衝突，不太可能出現在同一個人身上。更慘的是，如果夠愛自己的事業，創業者不會輕易放手，因而事業很快便陷入瓶頸。以後見之明來看，儘管衝突難免，但布朗普頓的經營交棒，可算是個圓滿結局。

里奇對產品細節無止盡的追求，再加上巴特勒-亞當斯的衝勁與管理才幹，使得布朗普頓可以遠遠甩開對手，成為消費者心中的夢幻逸品。不過，觀察布朗普頓最近的經營方向，發現巴特勒-亞當斯並非純然逐利，或至少在策略上並不打算跟競爭對手走上相同的道路。

首先，他並不將自己定位於「自行車產業」，而是在「都會運輸業」。因此他的競爭對手是巴士、汽車與捷運。產品訴求的對象是受夠了壅塞、缺乏運動的都會上班族，而小布則可以同時解決這兩個問題，折起來可以帶著走，拿出來騎

既可以健身，又可以順利抵達目的地，一兼兩顧。

然而光是功能性的解決方案，恐怕無法激起消費者心中的狂熱。英國製與純手工打造的職人精神，才是小布成功的關鍵。巴特勒 - 亞當斯在受訪時曾被問及：如果要大幅度提高產能，為何不考慮到中國生產？他回答：「如果亞洲的客戶都要求購買英國製的產品，我們有什麼理由要到中國生產？另外，皇室的加持與保證（布朗普頓曾多次獲得女王企業獎）也是我們的一大賣點。」

「在哪裡製造」對消費者而言，重要的意義在認知到那裡的做工比較優異。因此，「英國製造」之於布朗普頓自行車的意義便是──他們工匠的手藝在其他地方找不到。

阿布‧艾爾‧薩迪（Abdul El Saidi）是布朗普頓的銅焊訓練經理，廠內所有的銅焊師傅都是他親自訓練出來的，小布的焊接工作全由這群人負責，並在完成後在車架上簽上自己的名字。他每天都接到許多消費者的仰慕電郵，希望能欣賞銅焊的過程，這也讓廠內工匠們引以為傲，能毫不猶豫地宣告：「這是我做的！」

常聽到的一種說法是：「明明是一樣的東西，多加個牌子就賣那麼貴，多不划算。一些小地方也不用那麼在意，反正功能都可以用。」讓我想到在電子廠工作的朋友曾說，裡面的工程師已經被訓練到看到一樣產品，可以立刻計算出所有的零件成本加總，並推估其溢價加成，這種截然不同的思維相當值得玩味。

當然，不同的經營模式會導致不同的獲利思維。我相信

眾多品牌價值中的部分溢價不外乎來自炫耀或盲目購買。比方說我有蘋果我好潮，或大家都有 LV 我也要。可另一方面來說，若品牌僅有這般能耐，那也未免太小看消費者了。一窩蜂總有個極限，如果價格沒有真正的價值支撐，恐怕也不會活太久。

　　小布的價值，除了精良的製造品質外，也滿足了使用者對於好東西的想像，甚至形塑其對某種生活風格的追求，進而產生超越功能與成本的價值。我想說的是，不管是貪小便宜、永遠追求物超所值；或盲目購買、以金錢價格取代真正的價值，都很難找到適合自己的東西，滿足真正的需求。

　　而小布謎樣的類宗教崇拜，或許正填補了價格與價值之間某個小小縫隙吧。

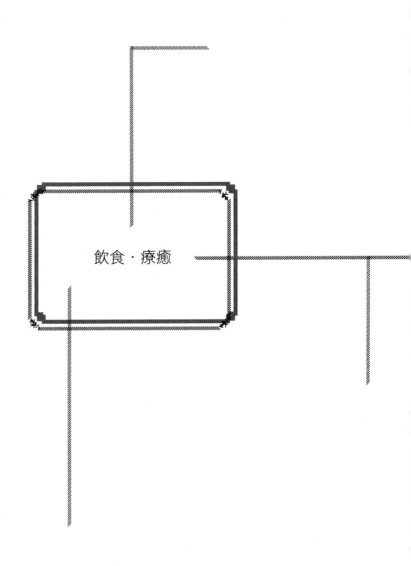

飲食・療癒

烘焙文創學
The Great British Bake Off

每次這個烘焙比賽節目上烤什麼甜點，之後模具或是材料就會狂銷。Photography_ Suzy Hazelwood - Cropped version of letters, CC BY 4.0

　　前幾年某晚，室友說：「欸，最近大家都在討論一個烘焙比賽節目，要不要一起看？」「烘焙教學我還比較有興趣，大家比賽烤蛋糕有什麼好看的？」一如往常，室友完全不理會我的意見，還是拉著我一起看，結果我錯得離譜：「欸，已經連看兩集了，該睡覺了吧。」「再讓我看一下啦，怎麼那麼好看～」

　　這個節目當然是大紅特紅的《大英烘焙大賽》（The Great British Bake Off，簡稱 GBBO）。2010 年起，在 BBC 2 播出四季後，因為太受歡迎，2014 年首度搬到 BBC 1 播

出。節目形式很簡單：十二個業餘烘培愛好者，每個週末聚
在英格蘭鄉下烤蛋糕麵包餅乾，每週淘汰一人，到第十週留
下三人爭冠。每次節目會做三樣，首先是拿手烘焙（signature
challenge），接著是技術挑戰（technical challenge），最
後則是宴會絕技（showstopper）。這種看似簡單的形式卻可
以製造各種吸引人的效果。

　　實境節目通常都是以競爭為出發點，但這個比賽烤蛋糕
的節目卻充滿甜甜的溫馨之情，一方面評審的貝瑞（Mary
Berry）奶奶很可愛，另一位哈勒伍（Paul Hollywood）則
多扮演黑臉角色，但從來不會口出惡言或酸損。另外也跟
主持人的個人風格有絕大的關係，兩個主持人帛金絲（Sue
Perkins）和吉鐸（Mel Giedroyc）負責搞笑，順便穿插烘焙
與蛋糕的歷史。更有趣的是隨著這節目興起的烘焙熱，讓湖
地廚具專賣店撈了好大一票，約翰‧路易斯百貨公司也表示
每次節目烤什麼，之後模具或是材料就會狂銷。在第一集做
完櫻桃蛋糕後，漬櫻桃在約翰‧路易斯關係企業 Waitrose 超
市的銷量成長了 25%。

　　不過這節目做得非常小心，努力減少所有可能的（被）
置入性行銷機會。比方說有人要免費贊助冰箱，可是上面有
牌子，結果被婉拒。若是參賽者用到罐頭，上面所有的標籤
也被撕掉。另外由於節目是預錄的，所以參賽者還要簽保密
條款，不能事先透露誰會被淘汰，誰會得到優勝。

　　先前看到節目一口氣出了三本書，有製作側寫、簡單食
譜以及困難食譜；推特上也是充滿了各種討論與喜歡這個討

厭那個的熱情（搜尋 #GBBO，一定跟到你眼花）；節目甚至紅到需要另外做一個半小時的評論節目《再來一塊》（An Extra Slice），頓時覺得英國人真是會做生意啊。你說他不想賺錢嗎？這裡面牽涉到的利益可多了，可是總覺得這錢賺得高明，一個烤蛋糕比賽可以激發那麼大的熱情，甚至還可以把節目形式賣到國外，目前有美國版和澳洲版。

很久很久以前，我去過某知名文創公司面試，當時執行長拿起印著莎士比亞名言的杯子跟我說：「這馬克杯在鶯歌成本應該沒有三十元，可是我願意花三百元買這個杯子，這就是文創的威力。」我想他只說對了一半，錢只是資源的一種，如果沒有引發深植受眾心中的熱情，沒辦法讓他們覺得這有趣、這好玩、這好好看，文創仍然不會是門好生意吧。

有時在 BBC 生活風格頻道（BBC Lifestyle）上看到先前的集數重播，儘管看過無數次，還是常常會坐下來把那集比賽看完，融合了緊張刺激和讓人垂涎的甜點，光看就讓人心情好。每一集會選出一位明星烘培師（Star baker），還會淘汰一位參賽者，在宣布時的懸疑感和看著淘汰者的失落，總忍不住也紅了眼眶。許多在比賽中表現出色的參賽者在報刊撰寫食譜、出書，把原本業餘的興趣發揚光大。

看了這麼多季的比賽，最讓我們忍不住回味的，是 2015 年的總決賽。最後取得冠軍的納迪雅‧哈珊（Nadiya Hussain）是孟加拉裔英國人，也是節目製播以來第一位穆斯林女性參賽者。她在最後的「宴會絕技」競賽中，做出以檸檬糖漿蛋糕為主體的結婚蛋糕，並且用自己結婚時的首飾裝

飾，以此作品獲得該季冠軍。

　　在她發表獲獎感言時，她說：「我絕對不會再自我設限了！我永遠都不會說『我辦不到！』不說『可能吧～』，也不說『我覺得我不行。』因為我真的做到了！」我猜想，當時電視機前應該有不少觀眾跟著感動落淚。

　　在那之後，納迪雅成了家喻戶曉的名人，主持電視節目、出版食譜與童書，甚至還在 2016 年，女王伊麗莎白二世慶祝九十歲生日時，受白金漢宮委託，為女王烤生日蛋糕（是橘子口味的！）。同樣在 2016 年，製作《大英烘焙大賽》的有愛製作（Love Productions）宣布節目將自下一年度起，移到英國的另一個電視台「第四頻道」播出，而不再繼續與BBC 合作。消息一出，帛金絲和吉鐸便發表一則幽默與雙關兼具的聯合聲明，表示她們不會繼續主持，而評審之一的貝瑞也不會繼續留在《大英烘焙大賽》，只有哈勒伍跟著過去第四頻道。為此，英國網民崩潰聲四起：「沒了貝瑞，就像沒了烤箱，還能烘培嗎？」。雖然新版的《烘焙大賽》與先前幾季節目中的火花及風格不太相同，卻依舊有比賽的緊張刺激和各種巧思，還是蠻好看的。

　　能找到自己熱愛的興趣，憑著一股熱情將它做好做滿，甚至因此改變人生，真的是很激勵人心的一件事。這，大概也是《大英烘焙大賽》在呈現各種美味甜點之外，讓人百看不厭的原因吧。

W ———— 英國的即食品文化 Ready Meal

就算是超市買來的熟食，用心擺盤一下，看起來也很美味。Photography_ Malidate Van, CC0

　　對於英式食物的負面評價從來沒少過，一說英國人殺死他們的食物兩次：一次取走食物的性命，一次取走食物的味道。或許是對如此評語習以為常，也很少聽說英國人為此大動肝火，硬要拿起鍋鏟跟誰拚輸贏，也許聳聳肩，平靜向前，才是典型的英式反應。

　　儘管英國官方的「非凡英國」宣傳也把英國食物列入其中，告訴大家「Food is Great」，可若要撼動世人對英式食物的刻板印象，大概沒那麼容易。覺得炸魚薯條油膩、早餐茄汁焗豆口感怪異的外來者大有人在；卻也聽過到英國旅行

的朋友說，食物變好吃了，覺得英國食物也沒有傳說中那麼糟糕呀。

　　細問之下，原因之一是倫敦好吃的餐廳變多，匯聚了大江南北的各國料理，更不乏願意為此一擲千金的食客；另一個則是超市方便、美味的即食餐，選擇繁多，在忙碌的旅途中隨手抓了就走，不管是在火車上吃、帶回住處簡單加熱，不僅比上館子便宜，也比自己煮省事。重點是，味道還不差。

　　根據劍橋字典的定義，Ready meal 指的是在超市、店家購買已煮熟的餐點，外帶到他處（多半是家裡）加熱及食用。這與從餐館外送或外帶，立即可吃的 takeaway 略有不同。冷藏的即食品種類繁多，想吃傳統英式的牧羊人派、魚派或印度咖哩、地中海料理，應有盡有，還有針對素食者、食物過敏者、小朋友，或對熱量斤斤計較的人士所設計的不同組合。

　　除了各大超市自有品牌不同價格的選擇之外，名廚傑米・奧利佛（Jamie Oliver）以及赫斯頓・布魯門索（Heston Blumenthal）都有聯名開發的相關產品。根據統計數字，自 2007 年以來，英國每年消費在冷藏即食品及配菜的金額都在十億英鎊（約新台幣 416 億）以上，在食物消費市場所佔的比率不可小覷。

　　從二次大戰之後的配給到各式各樣即食品的興起，不但與農業、食品工業技術的進步分不開，家庭廚房烹飪設備的普及，也讓在家儲存和加熱食物這件事有了全新的意義。2015 年首播的實境節目《穿越過去吃晚餐》（Back in Time for Dinner），一語雙關地把「趕上回家吃晚餐」和「回到過

去」串在一起。

製作單位邀請作家布蘭登・羅布蕭（Brandon Robshaw）一家人改造廚房，從 1950 年代開始，每集橫跨十年，這家人度過的一天，即是現實生活中的一年。以當時的廚房設備做飯，同時配合各年代的生活方式作穿搭改變和娛樂，不僅節目效果十足，也讓觀眾以快轉的方式，看著英國常民生活從戰後物質稀缺，一路走到今日，各式食物百家爭鳴。

節目考據了英國自 1940 年至 2000 年各家戶所填寫的「國家糧食普查」，重現各年代主婦們的菜色內容。例如 1950 年時，冰箱仍不普及，食物保存不易，因此當時的家庭主婦仍須天天上市場、少量購買，以免食物腐敗；1960 年代擁有冰箱的家庭多了；1970 年代較多人擁有有冷凍庫，即食、方便的杯麵進入人們的生活；到了 1980 年代，微波爐讓職業婦女能夠快速加熱食物讓熱菜上桌，而顧名思義、邊看電視邊吃的「電視餐」也漸漸尋常。

從呈現「張羅全家吃食」的家務勞動，我們得以窺見家庭性別分工的轉變，以及「吃飯」這件事如何與生活型態的改變息息相關。相較起天天上菜市場的忙碌，買份即食餐，回到家打開紙盒，只消把餐點塞進烤箱或微波爐，即可蹺腳等吃飯，若是遇上超市促銷，主餐、配菜、甜點再加上一瓶酒只要十英鎊（約新台幣四百元），不失為下班後舒服吃飯放鬆的好選擇。

對於不擅廚藝或時間有限的忙碌人士而言，即食品的吸

引力不在話下。然而這樣的方便背後有其代價,對於食指浩繁的大家庭,或是阮囊羞澀的窮學生,餐餐吃一盒要價約四英鎊即食品並不經濟,也未必是最健康的選擇。

BBC 製播的節目《省錢健康吃》(Eat Well for Less),則屢屢在節目中揭露方便的代價——週週爆表的帳單。兩位主持人每集造訪一戶人家,聽聽他們想改變購物習慣的理由,觀察一家人的飲食習慣,並且偷偷跟著他們上超市,看看為何他們花如此多錢在食物上,到底出了什麼問題?觀眾隨著鏡頭看這家人塞滿購物車,跟著躲在儲藏室觀看的主持人大呼小叫,最後一起在所有食物結帳後,看著高昂的帳單倒抽一口氣。

幾集觀看下來,發現倚賴即食餐、微波食物、已經事先洗切好的蔬菜等習慣,往往是造成帳單居高不下的原因。而有時主人對於自己的烹調技術沒有自信、或是因為工作、照顧小孩等要務壓縮了備料時間,圖個快速而付出代價;更常發生的事情是缺乏事先規劃,買了過多的食物,外加對食物的「賞味期限」和「保存期限」有誤解,而丟棄食物造成浪費。

一切的習慣逐漸累積,如果沒有特殊的契機,消費者未必知道還有其他選擇。節目中,營養師和廚師會針對個別家庭的需求設計新菜色,也示範自己動手沒有想像中難,別怕切菜會切到手指,不僅較便宜、有成就感,還可能更美味。

《省錢健康吃》還藉此機會打破消費者對加工食品的迷思,譬如擺在超市裡的冷藏湯品看起來新鮮可口,還比較昂貴,一定比罐頭湯好吃吧?罐頭湯能夠保存那麼久,不曉得

加了什麼東西？

　　節目因此走訪食品工廠，拍攝新鮮蔬菜從進廠到裝罐、密封、煮沸的過程，大量且迅速的製程，有助於保留食物的營養與滋味，不見得遜於冷藏架上的即食湯。節目中甚至安排盲測，讓罐頭湯和冷藏湯超級比一比，也許在加熱過後，消費者其實吃不出差別。盲測的用意不外乎提醒觀眾，有些時候可以試試超市裡較便宜的選項，而某些食物則不妨多花一點點，提升食物的美味。

　　對入口的食物瞭解更多，不但顧荷包，也顧健康。根據《獨立報》報導，即食品常有高脂肪、高熱量的問題，在烹調與加熱的過程也會讓營養流失，用過即丟的容器亦常常無法回收，增加垃圾量。《每日郵報》甚至曾以聳動標題刊出報導：「看完這篇你再也不會吃即食餐了！」文中細數即食餐隱而不宣的問題：大量製造、追求口味一致、品質均一的製造過程，多樣化的原料可能源自數個國家，層層轉包的過程，讓最後出廠的各式即食品遠離耕作者與土地。在這樣漫長的供應鏈中，若是產品有什麼問題，追溯禍源將難上加難。

　　2013 年的瑞典肉類食品商「掛牛頭賣馬肉」，在英國販售的牛肉千層麵，被查驗出肉醬含有馬的 DNA，引爆席捲歐洲市場的食安醜聞，便凸顯了食品工業的潛藏危機，消費者吃下盒裝千層肉醬麵的時候，應當可以信賴製造商和品牌所標示的內容物。可惜的是，在高度分工化的食品過程中，這種「信賴」反而越來越難達成。

　　到頭來，如何消費食物、選擇吃什麼與不吃什麼，標記

了一個時代裡，人們選擇如何生活的方式。五十年後，若有人想重製《穿越過去吃晚餐》，猜想即食品亦將與智慧型手機、平板，一起成為這個時代的桌上風景。只是不確定，屆時，人們的餐桌，又將是什麼模樣？

飯禱愛 The Kitchen ──────── Ⓐ

人生花在吃飯的時間之長，值得好好回顧這段時光。
Photography_ Alice Fox- Family eating beside mobile Home, 1960s, CC BY 2.0

　　吃飯聊天的紀錄片，對我來説向來有莫名的吸引力，在台灣的時候，最愛看的就是公視的《誰來晚餐》了，特別來賓通常不是重點，而是那一家人在餐桌前的互動。BBC 推出的紀錄片《廚房》（Kitchen）則直接省略了特別來賓的部份，拍攝英國各地家庭的用餐情形。

　　《廚房》跟《誰來晚餐》一樣的是，裡面有各種型態的家庭：相依為命的老伴、同個屋簷下的好友、孩子即將離家上大學的、青春叛逆只顧打電動的、成年孩子都待在家裡與

父母同住的。每個階段也彷彿是人生的縮影：婚前每天辦晚宴派對的貴族後裔，婚後跑到鄉下種田養孩子；退休前被資遣的老父仍勉力找到新的工作；小女孩挑食被嚴母管教結果要爸爸救她；老伴每餐吃完飯都要提醒吃藥。

我問室友：「我們吃飯的時候都在說些什麼呢？」室友也講不出個所以然。忽然回憶起小時候的晚餐，高中之前都是媽媽的愛心，爸爸請人來家裡吃飯的時候還會特別豐盛（媽媽表示很累）。上了高中後，因為回家的時間不固定，加上東挑西揀，媽媽索性讓我們自己解決。大學之後與哥哥度過了很長時期的男生宿舍，坐在電視前面吃著外食是定番。一直到來到倫敦，室友規定吃飯要專心，所以又回到了餐桌上的生活。

這讓我想起美國情境喜劇《歡樂單身派對》（Seinfeld）裡的一個經典橋段，當可拉瑪（Kramer）提及婚姻，他說：「這根本是人造監獄！你別想在吃晚飯的時候看電視！」

「那吃飯時要做什麼？」

「要講今天發生的事情啊！今天過得好不好之類的，真是悲慘至極。」

但仔細想想，人生花在吃飯的時間如此之長之多之瑣碎，難道不值得回頭看看自己都在做些什麼嗎？是否還跟家人一起吃飯？席間講些什麼話？吃進去了什麼東西？剛跟室友說，其實很高興她這麼會煮，可以花很多時間在廚房裡、在餐桌上，有道是，惟二要上心的事情就是吃飯和睡覺，睡覺很難與人共享，有吃飯那麼難得的機會，豈可不好好把握？

英式香腸 Bangers

香腸跟薯泥真是絕配。Photography_ Paula - Sausage and Mash Potatoes, CC0

　　許多留學生都有類似的生活經驗：出國前可能連荷包蛋都不會煎，但最後磨到連蘿蔔糕、三杯雞都做得嚇嚇叫。在倫敦數年，我們認識許多深藏不露的朋友，端出來的大菜居然還可以包括芋頭米粉、草仔粿，最驚人的還有朋友自己灌香腸。後來才知道，回台時帶上香腸粉是王道，自製香腸不求人。這樣講也許有點誇張，但在某些夜深人靜的時刻，想起過年時香氣漫溢的香腸，那衝動足以讓人喪失理智。

　　雖然「英國人殺他們的食物兩次」這個壞名聲一時半刻恐怕還沒有沉冤得雪的跡象，可我不得不說，英國的香腸還蠻好吃的。在英式英文裡，常聽到的 Banger 指的是 sausage，因為在煎的過程中，肉腸內經加熱產生的肉汁會衝破薄薄的腸衣，發出聲響（Bang），所以叫做 banger。雖然

如此，你講 sausage 還是買得到香腸。

　　比起台式香腸或是臘腸風乾後有嚼勁的口感，我吃到的英式香腸沒有經過風乾過程，灌好之後便冷藏。若從超市買冷藏香腸，多半可以從外觀上看到絞肉的組織。英國的香腸種類繁多，各個口感也不盡相同，但大致來說，紋理並沒有熱狗那麼均質，吃得到肥肉脂肪與瘦肉的搭配。各地區的香腸食譜各有特色，例如坎伯蘭（Cumberland）、林肯郡（Lincolnshire）都有自己的獨家配方與做法，風味各自不同。我自己最常買的大概是蘋果、洋蔥口味，有時候會買英式混西班牙式的風味香腸（chorizo），基本上，是誰特價就買誰。因為香腸可以冷凍，解凍後烤箱加熱即可，適合把菜丟進烤箱不管，回書桌前做事，時間到就可以開飯的忙碌時刻。

　　除了單純的烤熟之外，香腸也可以做許多變化。自己做香腸薯泥（Banger and Mash）不難，拿平底鍋中火煎香腸（並小心手肘不要被噴出來的肉汁燙到），鍋中會留下不少黑黑的肉渣，千萬不要馬上拿去沖水，用一點酒水開小火慢煮，小心將它鏟起，簡單加點棕醬（Brown Sauce）調味，就是簡易版的醬汁，當然加高湯就更讚了，配上馬鈴薯泥跟豌豆就是有肉有菜有澱粉的一餐。我也做過「洞中蟾蜍」（Toad in the Hole）先用方盤將香腸烤熱，之後倒入約克夏布丁麵糊，麵糊之後會如泡芙般漲大升起，配上肉汁，外殼酥脆，內部多汁，人間美味。

　　香腸還有許多變化，也可以入菜。例如簡單切小塊配上蕃茄罐頭跟洋蔥，就可以做出義大利麵醬；或是用酥皮包起，

做香腸卷（sausage roll）。通常也可以從肉舖那裡買到散裝的香腸肉（sausage meat），可以拿來做成蘇格蘭蛋（Scotch egg）等變化料理。如果想嚐鮮，試試肉舖自己做的香腸，不僅可以嚐到不同口味，往往價格也蠻實惠的。

香腸是英式早餐的固定班底，往往跟它的好朋友燉豆、烤蕃茄以及蘑菇非常快樂地在一起，配上吐司，用超高熱量與蛋白質開啟滿腹的一日。除了在英式早餐、酒館裡的香腸薯泥可以嚐到香腸之外，我們也喜愛一家英國小吃腸兄腸弟（Banger Bros），用麵包夾著香腸配菜，或是配薯條皆可，相當實惠美味。

燉豆 Baked Beans ——————

據說英國人可以三餐都吃燉豆，不過考慮到燉豆的各式吃法，似乎可以想像。Photography_ Smabs Sputzer - Cropped version of Fridge Beans and Beer, CC by 2.0

老實說，各類豆豆在我心目中的排名實在不高。紅豆、綠豆還可以，扁豆也還不錯，至於什麼花豆、大紅豆的完全

不是我的菜，不過做成豆腐、豆漿、豆皮我是吃的。我不喜歡甜湯嚼豆豆的口感，做成鹹的會讓我比較接受一些，是以英國早餐常見的燉豆（或稱焗豆）是我會接受的食物，儘管一開始本著對各種豆豆的不愉快，我並沒有很積極地嘗試。

我從學校的學生會拿到一本食譜書，名為《燉豆之外》（*Beyond Baked Beans*），我心生疑惑，這麼說來，燉豆是很基礎的料理嗎？就像傳說日本女孩子沒學會煮馬鈴薯燉肉就不能結婚，燉豆應該就是個英國料理一零一，簡單零失敗的東西吧。

真正開始買燉豆回家，應該是結婚之後。抱著「吃不完還有另一個人幫忙」的心情，我們買了燉豆回家，還依照朋友建議的，拿片全麥土司，淋上加熱後的燉豆，上頭灑上一些起司絲，進烤箱稍微烤一下。媽呀，融化後的起司跟燉豆放在一起，再磨點胡椒粉，冬天吃起來真不錯，而且蛋白質充足，吃下去可以飽很久。室友一嚐驚人，還嘗試過幾種不同做法，例如把起司絲直接在加熱燉豆時拌進去融化，鹹香的起司配上茄汁醬，還有白豆，其實還不賴。既然室友喜歡，想到時我們就會買個幾罐放在家裡，早餐可以輪流換著吃。

前幾天看 BBC 的《工廠走透透》（Inside the Factory）紀錄片，其中一集便是去亨氏（Heinz）工廠，看燉豆是如何從乾燥的白腰豆變成罐頭。除了看著豆豆們在廣闊的工廠裡旅行，跟茄汁快樂地相逢，最後裝罐上市之外，片中還請歷史學家講講燉豆以及罐裝食品的歷史。這才知道，雖然英國是消耗最多燉豆罐頭的國家，但它其實是源自於美國，

十九世紀末，由亨氏的業務員帶到女王的雜貨店福南梅森（Fortnum and Mason）上市，一開始被當成是珍稀的舶來品販售，進而在 1905 年開始在英國本土製造。除此之外，也是看了影片，我才知道原來豆豆跟茄汁一起被裝進罐頭時，其實還沒煮熟！在工廠裡，先密封後再加熱，可以更有效防止細菌產生，而讓罐頭保存更久。

　　一百多年來，燉豆罐頭也衍生許多進化版本。例如容量較小的罐頭，或是方便打開的塑膠膜包裝，或是加了香草調味、加香腸等等，不一而足。除了大品牌亨氏之外，各超市自有品牌也任君選購，另外還有有機、無麩質等種類。不過，也許是一種食物的銘印效應，總覺得亨氏的還是比別家好吃。燉豆除了放在吐司上（Beans on toast）之外，也看過學校餐廳提供燉豆作為烤馬鈴薯（jacket potato）的配料，據說英國人可以三餐都吃燉豆，我想這點應該無須懷疑。但我想，還是加減配個青菜比較好……

w ———————— 燻肉燉菜 Gammon Stew

燉菜要放隔夜才好吃。
做起來簡單，吃起來又
療癒。 Photography_
Timur Saglambilek,
CC0

　　在忙碌的時候，可以煮一鍋有肉、有菜、有澱粉的鍋物，
是方便的懶人料理。特別是天氣涼了，就會覺得適合慢慢燉
一鍋湯，不用想要花多少瓦斯，或是乾脆烤東西吃，反正熱
氣都會散佈到房子裡，暖氣就不用開太高溫了。燻肉燉菜
（Gammon Stew）這道料理是我們到英國生活後才學會品嚐
的美味，做一鍋兩個人可以吃好幾餐，而且就像咖哩放過夜
比較好吃，這道菜也是隔餐再熱會更入味。

　　在超市買到的臘肉是醃過的豬後腿，我偏愛買煙燻過
的豬後腿，據說在酒吧可以吃到切片煎加上配菜的菜色，但
聽說這樣吃很鹹，所以我沒嘗試過。自從看朋友介紹燻肉燉
菜，並且試著照做一次後，拿它來燉就成了我忠心不貳的選
擇。既然臘肉是這道菜的主角，挑一塊品質、價格合理的，
才不枉費自己的功夫和瓦斯。如果剛好可以買到 Waitrose

Essential 的肉品，也可以試試看，某歪嘴雞說比特易購買到的好吃 ....

　　基本上這道菜就是一塊肉加上很多蔬菜，包括火蔥（Shallot，可用紅蔥頭替代）、西洋芹、紅蘿蔔、馬鈴薯，最後再加上皺葉甘藍（Savoy cabbage）去煮成的料理，特別的是它加上蘋果汁，酸甜的味道中和了臘肉的鹹味，也很開胃，總覺得越吃越好吃。至於加入的蘋果汁，我的經驗是不用買特別好的，常溫利樂包裝的清澈蘋果汁（飲用前不用特地搖一搖的）就可以。液體類還加上蔬菜高湯，如果手邊有新鮮自製的當然好，不過沒有的話，高湯塊丟兩塊加開水泡開也是可以的。如果沒有火蔥呢，我也用過洋蔥代替，馬鈴薯則選擇大個頭的紅皮馬鈴薯（Desirée potatoes），對半切或是切四分，跟紅蘿蔔一樣不用切太小塊。蔬菜跟臘肉燉煮好後，要吃的時候再加入切絲的甘藍菜，稍微煮一下，會讓原本帶苦味的蔬菜變得非常好吃。

　　再來是煮法，如果說家裡有烤箱，肚子又還沒餓到發慌要發脾氣，那麼按食譜在瓦斯爐上燉煮後放進定溫好的烤箱超棒的，還可以省暖氣，也不用特別顧爐火。沒有烤箱的話，我想拿燉鍋慢火燉一小時也是可以，如果家裡有夠大的壓力鍋，用壓力鍋其實還蠻省時間也省爐火的，只是蔬菜吃起來的口感會稍微爛碎一些。冬天吃上這鍋，總覺得渾身都暖起來了。

W ———————————————— 洋芋片 Crisps

　　倫敦家的書桌旁有個三層架，一層放印表機，最下層則放了一個附蓋的檔案紙箱，完全符合孜孜矻矻研究生的合理擺設。只不過檔案紙箱裡放的不是論文資料，而是兩個人的燃料，室友的是哈瑞寶（Haribo）小熊軟糖，我的則是各式各樣的洋芋片，美國叫 chips，英國叫 crisps，這個差異曾在劇場作品《中美共同體》（Chimerica）裡拿來開玩笑。（附帶一提，英國的 chips 指的是薯條，配炸魚吃的那種。我常吃到的薯條總是豪氣地切得如指頭粗，配上鹽巴麥醋的滋味很是特別。）每當寫論文寫到瓶頸，總會毫不猶豫地打開紙箱，拿出碗和筷子先吃完一碗洋芋片再說。不曉得是那些油啊調味料啊有助於大腦運作，還是咀嚼的下顎運動會活絡神經，總之吃完再上，可以再多寫個一百字。

　　雖說如此，吃過英國的洋芋片後，就有點難將眼光再投回品客。我最常買的牌子是泰瑞斯（Tyrrells），包裝上常看到一位戴眼鏡的紳士專注的表情。如同英國吃薯條的習慣，洋芋片也有「鹽與醋」口味，幾乎可說是敝宅零食箱的固定班底。除了鹽醋口味外，它也有清淡的鹽巴口味，或是什麼都不加的純洋芋片；黑胡椒、起司口味也好吃。喜歡嚐鮮做變化的話，也可以來包綜合蔬果脆片，裡頭有甜菜根片、胡蘿蔔片這類蔬菜，感覺上比較健康。很久以前 Sensation 曾經出過檸檬香氣的洋芋片，可惜似乎已經停產。

　　與品客用機器裁切，每片大小都一樣的口感不同，泰瑞

斯生產的洋芋片強調手工烘培，一整包洋芋片有大有小，大的可能有半個手掌大，小的大概就指節大，每回從包裝倒出薯片都像抽獎。除了泰瑞斯之外，凱托（Kettle）也是我們常買的牌子。至於今天要買哪一家？通常取決於當時哪一牌在特價。在遍查各家優惠之後，室友跟我決定洋芋片的可接受採購價格應該是一包一鎊，高於此便不考慮，也因此我們常在經過家附近的特易購時，順道帶兩包特價的洋芋片回家。為避免腸思枯竭時沒有洋芋片可吃，造成研究生淚灑書桌，通常家裡都至少有兩包的存量。除了邊吃零食邊寫論文，在放鬆時刻在沙發上看電視，開瓶蘋果酒配薯片，也是人生一大享受。

　　走一趟超市貨架，洋芋片亦是百家爭鳴。除了英國品牌之外，連鎖企業如沃克斯（Walkers）亦是熟面孔。誰比較好吃？英國知名部落格「中產階級手冊」（The Middle Class Handbook）常常拿生活小事的不同選擇來開階級玩笑。在它的「馬斯洛需求層次」系列中，詳述洋芋片、奶油、倫敦各機場在此需求層次中的地位。最頂層是風笛牌（Pipers），再來是勃茲牌（Burts）、泰瑞斯牌、凱托牌、感動牌（Sensation）、沃克斯牌、品客（Pringles）。作者在「洋芋片的馬斯洛需求理論」（2012）一文中，詳述他／她在某次中產階級的聚會中吃了品客，而其友人為之驚恐不已，無法想像怎麼會有人要選這麼糟糕又是機器大量製造的零嘴；同時還跟作者詳述風笛牌洋芋片有多好吃——不但手工製造，還是出於農夫之手。列表雖然有趣，不過依舊傳達食物消費

的階級感可以多麼無所不在。

　　就像許多大人難以抗拒垃圾食物的誘惑，許多媽媽都可以輕易說出幼兒不宜吃零食的缺點，也因此我們也都假設家有幼兒的朋友們，家裡出了稻鴨米餅等健康零食之外，不會有這種垃圾食物。直到某次在小孩上床後、媽媽的下班時間造訪，朋友打開櫥櫃拿出洋芋片，我才發現她家也有個零食櫃，「就跟小孩說這是大人吃的就好啦。」哎呀，我們真是好傻好天真。不過我們也曾目睹朋友剛滿一歲的兒子，好奇地將小塊洋芋片送入口中後崩潰大哭，顯然是太鹹了，希望他會記得，以後這東西還是少吃為妙。不過比起寫論文這麼艱苦卓絕的事情來，這種小小罪惡應該還在可容忍範圍啦，孩子。

　　聲明：本文作者在撰寫時並沒有吃任何一家的洋芋片。

 ——————————————————— **大黃 Rhubarb**

英國人有多愛大黃呢？此為傳說中的大黃派，沒錯，R指的就是大黃！Photography_ Benny Mazur, Cropped version of Rhubarb pie, CC by 2.0

有句話是這麼說的：「當生命給你一顆檸檬，請做檸檬汁。」（If life gives you a lemon, make it lemonade.）

　　對於這話我總是丈二金剛摸不著頭腦，檸檬汁要怎麼喝啊？後來才懂，lemonade 不是直接把檸檬榨汁喝，是把汁跟削下來有香味的皮，以及糖煮化後兌水喝，避掉檸檬苦澀的白皮部分，也調和了它的酸味，檸檬汁反而成為夏日好喝的飲品。這是一句勵志的諺語，可我總覺得，在生活中筋疲力竭的人們，比較像那顆被榨汁的檸檬。

　　認識了大黃（Rhubarb）之後，我覺得這句諺語應該照樣造句：「當生命給你一根大黃，請做_____？」

　　大黃在是英國常見的夏季蔬菜，與番茄一樣，它究竟算蔬菜還是水果也是常見的疑惑。它的莖可食，而葉子有毒，在超市販賣的時候總是不見根葉，看起來很像芹菜的堂親，更像彩虹菾蓬菜（Rainbow Chard）失散多年的表弟。但它的特性跟前兩者大不相同，沒有芹菜那麼好入菜，也沒有菾蓬菜那股牛皮味。大黃那粉紅色的莖看來極為鮮豔，若直接生吃，酸澀程度會讓你的臉部肌肉嚴重扭曲，是很有個性的蔬菜。

　　既然直接吃很酸，咱們就不要正面對決，把它加工一下吧。奇妙的是大黃無論是做成派、甜醬、果凍、或是果汁，酸甜的口感在夏季非常對味。簡易的大黃派（Rhubarb crumble）把大黃切小塊，鋪上奶油、麵粉、糖捏成的麵屑進烤箱烤，成品搭上冰涼的卡士達醬，或是香草冰淇淋，就是一道家常的甜點。它也可以與蘋果或草莓同烤，滋味都不錯。

　　或者，大黃加水與糖煮成醬，配上優格或鮮奶油，就是甜品大黃泥（Rhubarb fool）；更簡單還可以把它切塊放進鍋裡，加一公升滾水，蓋上鍋蓋泡一天，水會變成漂亮的玫瑰色，把大黃塊撈出後，加些砂糖煮化，冰鎮後兌水喝，也是夏天解渴的飲品。

　　敝宅最暢銷的做法則是把大黃加柳橙汁和糖煮成甜醬，冰在冰箱，可以兌水、配優格、加進伊頓混亂（Eton Mess，由莓果蛋白餅鮮奶油做成的甜品，見《倫敦腔》），或是做起司蛋糕最上層的淋醬。

　　某次做起司蛋糕加上大黃醬分英國鄰居吃，她眼睛一亮說：「我最喜歡大黃了！」還有一回網購蔬菜送來，司機大哥看到我們買大黃，也興奮地跟我們說他有多愛多愛大黃，簡直想手把手教我們他最愛的家常食譜。連《衛報》都探討過如何做最完美的大黃泥，它作為夏季甜點的本領顯然不低。

　　所以，當生命給你一根大黃，不管你是要做派還是煮果汁，加點糖，別看它酸，它其實很好吃。

來源 Sources

康柏拜區的舞台人生
改寫自 2015 年《PAR 表演藝術》雜誌第 269、273 期作者專文

服務員：前台音樂劇
本文初次載於 2014 年 7 月《PAR 表演藝術》雜誌第 259 期

老人劇場
本文初次載於 2016 年 4 月《PAR 表演藝術》雜誌第 280 期

科學家的獨白
本文初次刊載於 2014 年 12 月《PAR 表演藝術》雜誌第 264 期

阿喀朗‧汗的認同故事
改寫自 2011 年 11 月《PAR 表演藝術》雜誌第 227 期作者專文

倫敦眼：兩個解釋狂的英國文化透鏡
Londonphiles ② : All Eyes on a Great City

作　　　者	白舜羽、魏君穎
美 術 設 計	朱疋
內 文 排 版	Lucy Wright
總 編 輯	劉粹倫
發 行 人	劉子超
出 版 者	紅桌文化／左守創作有限公司
	10464 臺北市中山區大直街 117 號 5 樓
	http://undertablepress.com
印　　　刷	約書亞創藝有限公司
經 銷 商	高寶書版集團
	11493 臺北市內湖區洲子街 88 號 3 樓
	Tel: 02-2799-2788
初　　　版	2018 年 9 月
Ｉ Ｓ Ｂ Ｎ	978-986-95975-2-4
書　　　號	ZE0133
新 台 幣	330 元
法 律 顧 問	永衡法律事務所 詹亢戎律師
臺 灣 印 製	本作品受智慧財產權保護

Londonphiles 2: All Eyes on a Great City
by Chun-ying Wei and Shunyu Pai
copyright © 2018 Chun-ying Wei and Shunyu Pai
Chinese edition copyright © 2018 Liu & Liu Creative Co., Ltd.
Published by UnderTable Press
http://undertablepress.com
117 Dazhi Street, 5F, 10464 Taipei, Taiwan
All rights reserved.
Printed in Taiwan

國 家 圖 書 館 出 版 品 預 行 編 目 (CIP) 資 料

倫敦眼：兩個解釋狂的英國文化透鏡／白舜羽，魏君穎作.
-- 初版. -- 臺北市：紅桌文化，左守創作，2018.09
214 面；14.8*21 公分
ISBN 978-986-95975-2-4(平裝)
1. 文化觀光 2. 旅遊文學 3. 英國倫敦
741.719　　107012112

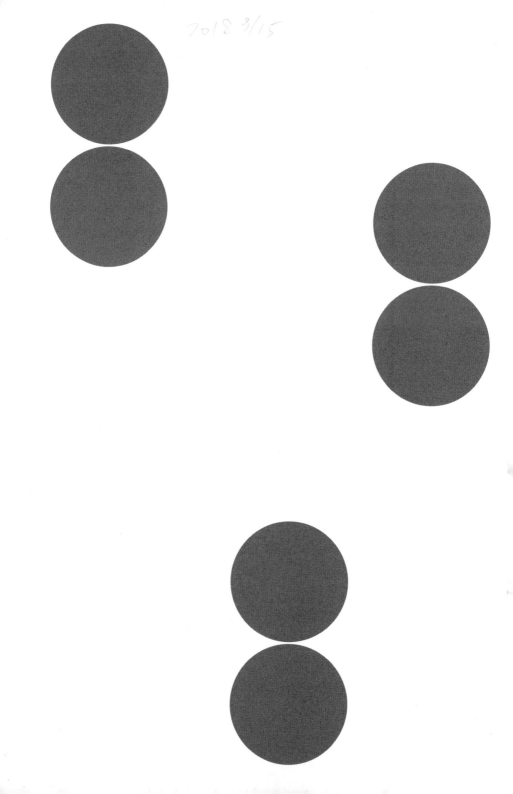